W0468198

Pöhlau · Werner

Gesund essen bei Multipler Sklerose

Dr. Dieter Pöhlau ist Chefarzt der Klinik für Neurologie an der Kamillus-Klinik in Asbach/Westerwald, an der seit über 40 Jahren schwerpunktmäßig Patienten mit MS behandelt werden. Sein langjähriges klinisches und wissenschaftliches Anliegen ist die Verbesserung der Lebensqualität von MS-Betroffenen, u. a. durch Einsatz von medikamentösen und nichtmedikamentösen Therapien, sowie der Verbesserung der gesundheitspolitischen Rahmenbedingungen.

Gudrun Werner ist Diplom-Oecotrophologin.
Sie hat über sieben Jahre als Ernährungsberaterin in einem Fachkrankenhaus für Multiple Sklerose und andere Nervenleiden gearbeitet und beschäftigt sich seither mit der Ernährung bei MS.

Dr. med. Dieter Pöhlau
Gudrun Werner

Gesund essen bei Multipler Sklerose

Wie die richtigen Fettsäuren die Krankheit positiv beeinflussen
Welche Nahrungsmittel Ihnen bei Beschwerden helfen
Mit über 70 köstlichen Rezepten

TRIAS

Ernährung – was Sie jetzt wissen sollten

Liebe Leserinnen und Leser 9

Warum Ernährung bei Multipler Sklerose wichtig ist 11

Sich vernünftig zu ernähren, ist sinnvoll 12
– Nährstoffe – wie viele wovon? 12
– Kohlenhydrate 13
Der glykämische Index 13
– Eiweiß 15
– Fette 16
Arachidonsäure 19
Omega-3-Fettsäuren 20
– Vitamine 24
Vitamine als Antioxidanzien 24
– Spurenelemente 30
Eisen 30
Jod 31
Selen und andere antioxidative Spurenelemente 31
Zink 31
– Ballaststoffe 32
Ballaststoffe halten den Darm auf Trab 33
– Flüssigkeit 34

Verdauung – Weg der Nahrung im Körper 35

Zu viele oder zu wenige Pfunde 37
– Was tun bei Übergewicht? 37
– Die überflüssigen Pfunde loswerden 38
Energiereduzierte Mischkost 39
Schneller satt werden und länger satt bleiben 40
Fett: die Menge entscheidet 40
Kalorien sind nicht gleich Kalorien 40
– Untergewicht: so nehmen Sie zu 44

Oh je, Verstopfung! 46
– Abführmittel: nichts für den Dauergebrauch 46
Stimulierende Mittel 47
Gleitmittel 48
Osmotische Abführmittel 48
Quellmittel 48
Medikamente zur Verbesserung der Darmbewegung 48
– Natürliche Hilfe für den Darm 49

Strategien mit Fatigue umzugehen 50
– So schonen Sie Ihre Energie 51

Ernährung – was Sie jetzt wissen sollten

Wenig Bewegung fördert Osteoporose 52

MS-Diäten – was davon zu halten ist 54
– Vegetarische Kost 54
– Diät nach Dr. Fratzer und Dr. Hebener 55
– Diät nach Dr. Swank 55
– Evers-Diät 56
– Grahams Vorschläge zur Diät und Nahrungsergänzung 57
– Allergenfreie Diäten 58
– Glutenfreie Diät 58
– Entzündungshemmende Ernährung 59
– Myelin-Diät 59
– Darmsanierung und Darmentgiftung 60
– Diäten – worauf es wirklich ankommt 60

Nahrungsergänzungsmittel: hilfreich oder zu vernachlässigen? 62
– Arzneimittel oder Nahrungsergänzungsmittel? 62
– Nahrungsergänzungsmittel, die sinnvoll sind 65
Verzichtbare Nahrungssupplemente 65

Orientierungshilfen im Küchenalltag

Gut organisiert kochen 68
– Orientierungshilfe pro Tag 68
– Richtig einkaufen 69
Tiefkühlkost – muss es immer frisch sein? 69

Lassen Sie es sich schmecken 71
– Umgang mit Fett 72
Was »kaltgepresst, nativ« bedeutet 73
Was »raffiniert« bedeutet 73
– Kleines Pflanzenöl-Lexikon 74

Frühstücksideen

Alles für einen gelungenen Start in den Tag 78
– Müsli 78
– Fruchtaufstrich 80
– Erdbeeraufstrich 80
– Linsenaufstrich 82
– Pikanter Gemüsequark 82
– Beerige Buttermilch 84

Rezepte

– Aprikosenmilch 84
– Sommerfrucht-Smoothie 86

Kalte und warme Kleinigkeiten
– Schafskäsetaschen 90
– Pizzawaffeln 90
– Blattsalat mit Radieschen und Mais 92
– Blumenkohlsalat mit Apfel 93
– Feldsalat mit Birne 93
– Chinakohlsalat mit gekeimtem Roggen 94
– Grünkernsalat 96
– Möhrensalat mit Sesam 98
– Paprikasalat 99
– Sauerkrautsalat 99
– Selleriesalat 100
– Sojasprossensalat 100
– Vinaigrette – der Klassiker 102
– Joghurtdressing 102
– Avocadodressing 103
– Kartoffeldressing 103
– Gorgonzoladressing 103
– Tomatensalat mit Kresse 104
– Gazpacho 106
– Kartoffelsuppe 106
– Tomatensuppe 107
– Zwiebelsuppe 107
– Kürbiscremesuppe 108
– Ofenkartoffeln mit Leinölquark 110
– Kartoffelsalat 111

Warme Hauptgerichte
– Pellkartoffeln mit Grüner Sauce 114
– Überbackene Kartoffeln 114
– Spinatcannelloni 116
– Chili sin Carne 118
– Gemüsesuppe mit Semmelklößchen 119
– Steckrübensuppe 120
– Sellerieschnitzel 120
– Gemüseauflauf 122
– Hirsotto 122
– Grünkerneintopf 124
– Spitzkohleintopf 124

Rezepte

– Gemüselasagne 125
– Grünkernbratlinge 126
– Grünkern-Kartoffel-Auflauf 126
– Ratatouille 128
– Hirse-Champignon-Auflauf 128
– Rosenkohlauflauf 130
– Vegetarischer Linseneintopf 130
– Sauerkrautauflauf mit Kidneybohnen 132
– Polentaschnitten 133
– Gefüllte Zucchini mit Tomatensauce 134
– Tomatensauce 134
– Fleischlos in die Grillsaison 136
– Gegrillter Feta 136
– Obstspieße 136
– Fischspieße 138
– Gemüsespieße 138
– Fischragout mit Vollkornreis 140
– Lachs im Zucchinibett 140
– Eingelegte Heringe Hausfrauenart 142
– Fischfilet auf Gemüse 142
– Lachslasagne 144
– Rotbarschfilet unter Senfhaube 146

Desserts und Süßspeisen

– Carobquark mit Kirschen 150
– Süßes Hirsedessert 150
– Rote Grütze mit Vanillequark 152
– Bananensorbet 152
– Aprikosencreme 154
– Bratäpfel 155
– Gefüllte Orangen 156
– Joghurteis 156

Kuchen, Gebäck und Brot

– Käsekuchen ohne Boden 160
– Apfelkuchen 162
– Pflaumenkuchen 162
– Süße Apfelwaffeln 164
– Vollkornbrot mit Hefe 166
– Müslistangen 168

Adressen, die weiterhelfen 170

Rezept- und Sachverzeichnis 171

Liebe Leserinnen und Leser

Sie möchten mit Ihrer Ernährung alles richtig machen. Sie haben den Wunsch, Ihr Wohlbefinden und auch den Verlauf Ihrer Erkrankung durch die Ernährung günstig zu beeinflussen. Sie möchten unnötige Belastungen durch falsche Ernährung vermeiden. Ihr Arzt oder Ihre Ärztin wird Ihnen bestätigen, dass dies eine gute Idee ist. Die tägliche Nahrungsaufnahme, die Art und Menge der Speisen, hat natürlich einen großen Einfluss auf den Körper und seine Funktionen.

Nur wenige andere Einflüsse – vielleicht noch Atmung, Bewegung und Entspannung – beeinflussen das körperliche und seelische Wohlergehen so stark wie die Ernährung. »Essen und Trinken halten Leib und Seele zusammen.«

Daher gehört die Ernährung unbedingt zu den Themen, mit denen Sie sich gut auskennen sollten. Die richtige Ernährung verbessert das körperliche Leistungsvermögen und die Stimmung, sie unterstützt die Funktion der Organe, sorgt für einen intakten Blutkreislauf und beugt Stoffwechselerkrankungen vor. Wer sich richtig ernährt, vermeidet Übergewicht und seine Folgen (z. B. Gelenkverschleiß) wie auch Untergewicht.

Sie fragen sich sicher auch, ob die richtige Ernährung den Verlauf Ihrer Multiplen Sklerose oder die Erkrankung Ihrer Partnerin, Ihres Freundes oder Ihrer Bekannten günstig beeinflussen kann. Ob weniger Schübe auftreten, deren Konsequenzen glimpflicher ausfallen und die Heilungsprozesse besser und schneller ablaufen. Wir sind der Meinung, dass die Ernährung dazu einen wichtigen Beitrag leistet.

Betrachten Sie die optimale Ernährung, wie sie in diesem Ratgeber vorgestellt wird, als ein Schlüsselelement Ihrer Behandlung, auf das Sie ebenso wenig verzichten sollten wie auf wirksame Medikamente, körperliche Aktivität nach Ihren Möglichkeiten, Entspannung und seelischen Ausgleich. All dies zusammen kann die gewünschten Wirkungen bringen.

In diesem Ratgeber stellen wir Ihnen zunächst die verschiedenen Nährstoffe vor. Dabei beschäftigen wir uns ausführlich mit den Nahrungsfetten und den Antioxidanzien, die für die richtige Ernährung bei Multipler Sklerose eine wesentliche Rolle spielen. Sie erfahren, was die Ernährung bei Darmträgheit, Über- und Untergewicht, schneller Erschöpfbarkeit (Fatigue) und Osteoporose ausrichten kann. Im Anschluss daran erhalten Sie einen Überblick über die sogenannten MS-Diäten. Mit dem bis dahin erworbenen Wissen können Sie schon selbst prüfen, was von den einzelnen Diäten zu halten ist. Unsere Meinung dazu erfahren Sie auch.

Das Ziel des Ratgebers ist praktische Hilfe im Alltag. Daher werden die Ernährungsempfehlungen des ersten Teils in einem ausführlichen Rezeptteil in die Tat umgesetzt. Zahlreiche schmackhafte und gesunde Gerichte veranschaulichen Ihnen den Genuss, um den es beim Essen geht.

Wir haben versucht, verständlich, objektiv und problembezogen, aber auch mit »Herzblut« zu informieren. Wir hoffen, Ihnen ein wenig helfen zu können, und würden uns freuen, Ihre Erfahrungen kennenzulernen, um selbst dazulernen zu können.

Asbach, Sommer 2009

Gudrun Werner Dieter Pöhlau

Warum Ernährung bei Multipler Sklerose wichtig ist

Wer an Multipler Sklerose erkrankt ist, hat die gleichen Gründe wie ein Gesunder, sich optimal zu ernähren. Durch die Erkrankung kommen jedoch weitere Gründe hinzu. Zunächst geht es – wie bei Gesunden – darum, die Folgen schlechter Ernährung zu vermeiden. Dazu zählen Übergewicht und Untergewicht. Übergewicht entsteht dann, wenn mehr Energie aufgenommen als verbraucht wird. Der Energieverbrauch hängt dabei stark von der körperlichen Aktivität ab. Wer diese einschränkt oder durch die Multiple Sklerose einschränken muss, nimmt leichter zu als jemand, der im Beruf schwer arbeitet oder nach Feierabend Sport treiben kann.

Die Folgen einer falschen Nahrungsauswahl treffen ebenfalls Gesunde und Kranke. Während sie sich bei Gesunden vielleicht erst nach Jahrzehnten als Arteriosklerose oder Verschleißerscheinungen bemerkbar machen, können eine falsche oder einseitige Ernährung oder ein Mangel an bestimmten Vitaminen die Symptome und wahrscheinlich den Verlauf einer Multiplen Sklerose ziemlich unmittelbar beeinflussen.

Ein weiterer Grund, auf die Ernährung besonders zu achten, ist die schnelle Ermüdbarkeit (Fatigue genannt), die den meisten Multiple-Sklerose-Betroffenen nur zu gut bekannt ist. Diese Fatigue hat viele Ursachen (siehe S. 50), die bei jedem etwas unterschiedlich sind. Aber es lohnt sich immer zu prüfen, ob die Optimierung der eigenen Ernährung zur Linderung beitragen kann.

Auch Auswirkungen der Multiplen Sklerose auf die Funktion der Verdauungsorgane lassen sich durch die richtige Ernährungsweise positiv beeinflussen. Ein »träger Magen«, der sich mit Völlegefühl und Übelkeit bemerkbar macht, kommt mit kleinen, leicht verdaulichen Mahlzeiten besser zurecht als mit deftigen Großportionen. Darmträgheit oder Verstopfung ist eine recht häufige Plage bei Multipler Sklerose. Als Ursache kommen Medikamente infrage, vor allem solche, die zur Entspannung der Blase eingenommen werden, aber auch andere, z. B. Antispastika. Daneben wirken sich eine zu geringe Zufuhr von Ballaststoffen und eine zu geringe Trinkmenge negativ aus, und natürlich wird das Problem dann verstärkt, wenn jemand sich wenig bewegen kann.

TIPP

Die richtige Ernährungsweise hat nichts mit Entbehrung, Mangel und Krankenkost zu tun. Ganz im Gegenteil: Gesund ist lecker und lecker ist oft auch gesund!

Sich vernünftig zu ernähren, ist sinnvoll

Die Ernährung hat etwas Zweckmäßiges: Der Mensch isst und trinkt, um zu leben. Er nimmt mit seiner Nahrung das auf, was er neben der Atemluft zum Aufbau und zur Erhaltung seines Körpers benötigt. Der Mensch von heute lebt nicht unbedingt (nur), um seine Nahrung zu erwerben, wie das über weite Strecken der bisherigen Menschheitsgeschichte der Fall war. So hat das Essen, die gemeinsame Mahlzeit, auch heute noch eine besondere Bedeutung: kein Festtag ohne Festmahl und kein Großereignis ohne Gala-Dinner.

Die Nahrungsaufnahme, die wir heute im Alltag oft achtlos nebenbei, zwischen zwei Telefonaten oder vor dem Fernseher erledigen, hat dennoch etwas von ihrer rituellen Bedeutung bewahrt: Sie bringt uns zusammen in geselliger Runde, ist ein Genuss und damit eine sichere Quelle für (mehr) Lebensqualität. Essen kann ungetrübte Lebensfreude sein. Auch dies sollten Sie beachten, wenn von richtiger und falscher und von den Chancen einer gesunden Ernährung die Rede ist. Die Ernährung hat zwar etwas Zweckmäßiges, aber sie ist auch selbst ein Zweck unseres Daseins. Sich vernünftig zu ernähren, das ist sinnvoll!

Von ihrer zweckmäßigen Seite her betrachtet, hat die Ernährung drei Ziele:

- Zufuhr von Energie
- Zufuhr von sogenannten essenziellen Nahrungsbestandteilen, die der Körper nicht selbst herstellen kann, wie z. B. Vitamine
- Zufuhr von Ballaststoffen und Flüssigkeit

Nährstoffe – wie viele wovon?

Zur Aufrechterhaltung aller Lebensvorgänge benötigen wir Energie, die mit der Nahrung aufgenommen wird. Die drei Energieträger in der Nahrung sind Kohlenhydrate, Eiweiße und Fette. Die Energie, die sie liefern, wird in Kilojoule oder Kalorien angegeben, womit eigentlich immer Kilokalorien (1000 Kalorien) gemeint sind. 1 Kilokalorie (kcal) entspricht 4,18 Kilojoule (kJ).

Die folgende Übersicht zeigt den biologischen Brennwert der Nährstoffe. Fett hat bei gleicher Menge mehr Kalorien bzw. Kilojoule als Eiweiße oder Kohlenhydrate.

Energiegehalt der Nährstoffe

Nährstoff	Energiegehalt pro Gramm in Kalorien bzw. Kilokalorien (kcal)	Energiegehalt pro Gramm in Kilojoule (kJ)
Fette	9,3 kcal	40 kJ
Eiweiße	4,1 kcal	17 kJ
Kohlenhydrate	4,1 kcal	17 kJ

Die beiden wichtigsten Energielieferanten der Nahrung sind Kohlenhydrate und Fette. Eiweiße liefern zwar auch Energie, dienen aber überwiegend dem Baustoffwechsel und nicht so sehr dem Energiestoffwechsel des Körpers. Die Deutsche Gesellschaft für Ernährung (DGE) empfiehlt, dass die gesamte Energiemenge, die an einem Tag zugeführt wird, zu etwa

- 55 bis 60 Prozent aus Kohlenhydraten,
- 30 Prozent aus Fetten und
- 10 bis 15 Prozent aus Eiweißen

bestehen soll.

Kohlenhydrate

Kohlenhydrate sind als Zucker- und Stärkestoffe vor allem in pflanzlichen Nahrungsmitteln, aber auch in Milch und Milchprodukten enthalten. Die in der Nahrung vorkommenden Kohlenhydrate sind fast ausschließlich aus den Einfachzuckern (Monosacchariden) Glukose, Fruktose und Galaktose aufgebaut. Einfachzucker sind kleine Moleküle, die zu riesigen Molekülen zusammengebaut sein können (sogenannte Polysaccharide). Besonders kohlenhydratreich sind Kartoffeln, Getreideprodukte (Mehl, Brot, Gebäck, Nudeln, Reis), Süßigkeiten und Obst. Je nach ihrer Molekülgröße werden Kohlenhydrate unterschiedlich schnell von Enzymen vor allem im Mund und Dünndarm gespalten und aus dem Darm in den Körper aufgenommen (resorbiert). Kleine Zuckermoleküle werden schnell zu Glukose und anderen Einfachzuckern abgebaut, die rasch in den Blutkreislauf gelangen und dem Körper zur Energiegewinnung zur Verfügung stehen. Kohlenhydrate sind die wichtigsten Energieträger, deshalb werden die kohlenhydratreichen Nahrungsmittel auch als »Grundnahrungsmittel« bezeichnet.

TIPP

Am besten nehmen Sie mehr als die Hälfte aller Ihrer Kalorien über Kohlenhydrate auf.

MEHR WISSEN

Das Kohlenhydrat-Einmaleins

- Die Kohlenhydrat-Zufuhr soll dem Energieverbrauch des Körpers angepasst sein. Wer sich wenig bewegt und wenig Energie für Muskelarbeit benötigt, sollte auch nicht zu viel Kohlenhydrate essen.
- Bevorzugen Sie kohlenhydratreiche Nahrungsmittel, die ausreichend Ballaststoffe (nicht verdauliche Pflanzenfasern, siehe S. 33) enthalten, z. B. Vollkornbrot statt Weißbrot.
- Bevorzugen Sie Lebensmittel, aus denen die Kohlenhydrate langsam freigesetzt werden. Sie führen zu einem langsameren Anstieg des Blutzuckers.

Der glykämische Index

Zuckerhaltige Lebensmittel (Süßspeisen, Kuchen, Schokolade usw.) und noch stärker zuckerhaltige Getränke (Limonaden, Nektare, Säfte) führen zu einem schnellen Anstieg des Blutzuckers. Der Körper reagiert darauf mit einer schnellen Freisetzung des Hormons Insulin aus der Bauchspeicheldrüse. Insulin führt zu einer Steigerung der Glukoseaufnahme in Muskel- und Fettzellen und zu Kohlenhydratspeicherung in Form von Glykogen. So senkt das Insulin den Zuckerspiegel rasch wieder und hat dabei sogar einen überschießenden Effekt, sodass der Blutzuckerspiegel unter den Ausgangswert sinkt. Genau in diesem Moment stellt sich der Hunger wieder ein. Insulin steigert aber

nicht nur die Glukoseaufnahme, sondern fördert gleichzeitig die Fettspeicherung und hemmt den Fettabbau. Bei hohem Insulinspiegel schreit Ihr Körper: »Fett speichern! Fett speichern!«

Nach dem Verzehr von Lebensmitteln, aus denen die Kohlenhydrate langsamer freigesetzt werden, steigt auch der Blutzuckerspiegel langsamer an. Die schnelle und überschießende Insulinreaktion bleibt aus und damit auch das prompte Hungergefühl. Bei Übergewichtigen hat sich die Umstellung auf Nahrung mit niedrigem glykämischen Index (siehe unten) als wirksame Maßnahme zur Gewichtsreduktion erwiesen. Zu den Lebensmitteln mit langsamer Freisetzung zählen

- Misch- oder Kleiebrot, Vollkornbrot,
- Vollkornnudeln, Naturreis,
- Hülsenfrüchte, frisches Obst und Gemüse.

Der glykämische Index eines Lebensmittels zeigt an, ob es zu einem schnellen oder langsamen Anstieg des Blutzuckerspiegels führt. Dabei wird die Blutzuckerwirksamkeit eines Lebensmittels mit derjenigen von Glukose (Traubenzucker) verglichen, die einen glykämischen Index von 100 hat. Für Ihre Ernährung sollten Sie Nahrungsmittel vorzie-

Glykämischer Index verschiedener Nahrungsmittel

Lebensmittel	glykämischer Index	Lebensmittel	glykämischer Index
Malzzucker (im Bier)	110	Nudeln	55
Glukose (per Definition)	100	Mischbrot	50
Kartoffelchips	95	Naturreis	50
Popcorn	85	grüne Erbsen	50
Haushaltszucker	75	Vollkornnudeln	40
Schokoriegel	70	Vollkornbrot	35
gekochte Kartoffeln	70	Hülsenfrüchte	35
Graubrot	65	frisches Obst	30
Bananen	60	frisches Gemüse	15

hen, die einen glykämischen Index unter 60 haben, denn sie führen nicht zu einer überschießenden Insulinproduktion mit kurzfristigem Hungergefühl.

Nach einer Portion Hülsenfrüchte (niedriger glykämischer Index) steigt der Blutzucker (Blutglukose) deutlich weniger an als bei Zufuhr der gleichen Menge an Kohlenhydraten aus Brot oder Cornflakes (höherer glykämischer Index). Auch der Grad der Verarbeitung spielt eine Rolle: Nicht erhitztes Getreide (z. B. Getreideflocken) hat einen deutlich geringeren glykämischen Index als erhitztes Getreide in Vollkornbrot.

Eiweiß

Das Eiweiß (Protein) der Nahrung wird in Magen und Darm in seine Grundbausteine, die Aminosäuren, gespalten und in dieser Form in den Körper aufgenommen. Der größte Teil der Aminosäuren wird zum Aufbau von körpereigenen Eiweißen verwendet. Die 20 Aminosäuren, die der Körper in Proteine einbauen kann, werden auch proteinogene Aminosäuren genannt. Es gibt Aminosäuren, die der menschliche Körper nicht selbst bilden kann und mit der Nahrung zuführen muss. Sie werden als essenzielle Aminosäuren bezeichnet. Aber auch die meisten anderen Aminosäuren gehen in den Eiweißaufbau über. Nur die »überschüssigen« Aminosäuren werden zur Energiegewinnung verbraucht. Die meisten Funktionsmoleküle des Körpers sind Eiweiße:

- Enzyme und Hormone
- Immunglobuline (Antikörper), Blutgerinnungsfaktoren
- Transporteiweiße (u. a. für den Fetttransport)
- Speichereiweiße (u. a. für die Eisenspeicherung)
- Struktureiweiße (z. B. in den Muskeln und Sehnen)

Als Faustregel für den Tagesbedarf gilt:
ungefähr 0,8 Gramm Eiweiß pro Kilogramm Körpergewicht. Bei 60 Kilogramm Körpergewicht wären dies rund 50 Gramm. Doch keine Sorge, mit einer ausgeglichenen, gesunden Kost ist die Empfehlung leicht umzusetzen.

MEHR WISSEN

Das Eiweiß-Einmaleins

- Nahrungseiweiß wird in unterschiedlichen Mengen zu Körpereiweiß umgebaut. Nahrungseiweiße sind biologisch umso hochwertiger, je mehr essenzielle Aminosäuren sie liefern (biologische Wertigkeit). Eiweiße tierischer Herkunft (Fleisch, Milch, Eier, Fisch) sind in diesem Sinne hochwertiger als Eiweiße pflanzlicher Herkunft. Die verschiedenen Nahrungseiweiße ergänzen sich gegenseitig und erhöhen so die biologische Wertigkeit. Gute Kombinationen sind z. B. Kartoffel plus Ei, Getreide plus Milch oder Bohnen plus Mais.
- Da aber tierische Lebensmittel mehr Fette und vor allem mehr Arachidonsäure (eine Vorläufersubstanz von Entzündungsbotenstoffen, siehe S. 20) enthalten als pflanzliche, sollte mehr als die Hälfte der Nahrungseiweiße aus Pflanzen stammen. Neben einheimischen Hülsenfrüchten (Erbsen, Bohnen, Linsen) sind besonders Sojabohnen und daraus hergestellte Produkte (z. B. Tofu) wertvolle Eiweißlieferanten. Auch Vollkorngetreide und Kartoffeln enthalten Eiweiß, Kartoffeln zwar nur 2 Gramm pro 100 Gramm, doch Kartoffeleiweiß hat einen hohen Anteil essenzieller Aminosäuren.
- Beachten Sie auch, dass mit tierischem Eiweiß (fettes Fleisch, Wurst, Käse) oft zusätzlich unerwünschtes Fett und Cholesterin zugeführt werden.
- Eine Eiweißüberernährung, wie sie beispielsweise zum »Muskelaufbau« propagiert wird, führt ohne sehr intensives Muskeltraining nicht zu einer Zunahme der Muskelmasse und ist nicht empfehlenswert.

Fette

Fette sind wichtige Energielieferanten, kein anderer Nahrungsbestandteil enthält so viel Energie pro Gramm. Der Anteil der Fette an der täglichen Energiezufuhr sollte aber im Normalfall 30 Prozent nicht übersteigen. Bei einer Energiezufuhr von rund 2000 kcal wären das 60 bis 70 Gramm Fett pro Tag. Die tatsächliche durchschnittliche Fettzufuhr in Deutschland liegt jedoch bei etwa 140 Gramm.

Der Körper speichert überschüssige Energie in Form von Fetten, die er in Fettzellen und Fettgewebe (»Fettpölsterchen«) ablagert. Da Nahrungsfette – bei übermäßiger Zufuhr – »dick machen«, haben sie insgesamt einen schlechten Ruf. Dies wird aber ihrer großen Bedeutung für das körperliche Wohlergehen nicht gerecht. In den Fettdepots des Körpers können jedoch auch manche unerwünschten Stoffe, wie z.B. Pflanzenschutzmittel und Insektizide, gespeichert werden.

TIPP

Den Fetten kommt eine besondere Bedeutung zu, wenn Sie sich mit Multipler Sklerose optimal ernähren möchten.

Wie die Nahrungseiweiße stammen auch die Nahrungsfette aus tierischen und pflanzlichen Quellen. Für die richtige Einschätzung der eigenen Fettzufuhr sind nicht nur die gut sichtbaren, sondern auch die nicht sofort identifizierbaren (versteckten) Fette von Bedeutung. Fette verbergen sich fast überall dort, wo Sie es schon immer vermutet haben, z.B. in Rahmsuppen, Bratensaucen, Eiernudeln, aufgetürmten Burger-Gerichten, aber auch in eher unverdächtig erscheinenden Kuchen- und Gebäcksorten.

MEHR WISSEN

Warum die Fette bei MS von Bedeutung sind

Aus Fettmolekülen entstehen wichtige Funktionsstoffe des Körpers, u.a. Hormone, Botenstoffe und Gallensäuren. Fette sind zudem für den Aufbau von Zellwänden unverzichtbar. Auch die Myelinscheiden der Nervenfasern, die bei Multipler Sklerose im Mittelpunkt des Krankheitsgeschehens stehen, setzen sich vor allem aus Eiweißen und Fetten zusammen. Von allen Nahrungsbestandteilen haben Fette wahrscheinlich den größten Einfluss auf die Funktionen des Immunsystems und das Krankheitsgeschehen bei Multipler Sklerose.

Fettreiche Lebensmittel liefern nicht nur viel Energie, sondern enthalten auch fettlösliche Vitamine. Das sind die Vitamine A, D, E und K, die Sie sich am leichtesten mit der Eselsbrücke »EDEKA« einprägen können. Die Nahrungsfette liefern außerdem essenzielle Fettsäuren, also diejenigen Fettsäuren, die der Körper nicht selbst bilden kann und daher mit der Nahrung erhalten muss.

Lebensmittel, die viel Fett enthalten

	sichtbare Fette	versteckte Fette
pflanzliche Fette	Öle, Margarine, Kokosfett	Nüsse, Oliven, Avocado, Samen
tierische Fette	Butter, Speck, Schmalz, Sahne/Rahm, Lebertran	fettes Fleisch, (fette) Wurst, Käse, Eigelb, fetter Fisch

So hoch ist der Fettanteil in Gramm pro 100 Gramm (g/100 g)

Lebensmittel	Fett	Lebensmittel	Fett
Butter	83	Milchschokolade	35
Margarine	80	Sahne	32
Mayonnaise	80	Käse (60 % Fett i. Tr.)	31
Speck, durchwachsen	65	Blätterteig	25
Erdnüsse	50	Schweinefleisch	2–23
Salami	42	Marzipan	25

Fette – genauer betrachtet

Bevor Sie die Zusammenhänge näher betrachten, sollten Sie zunächst die Fette etwas genauer anschauen. Denn nur mit diesen Grundkenntnissen verstehen Sie die Ernährungsempfehlungen der MS-Diäten und können sie für sich nutzbar machen.

Das chemische Grundgerüst aller Fette ist ein Glyzerinrest, an den drei Fettsäuren gebunden sind. Die Fettsäuren können gesättigt, einfach oder mehrfach ungesättigt sein.

Mehrfach ungesättigte Fettsäuren, in der Fachliteratur auch als PUFA (engl. PolyUnsaturated Fatty Acids) bezeichnet, gelten als günstig. Sie stecken beispielsweise in Pflanzenölen. Nahrungsfette mit einem hohen Anteil an gesättigten Fettsäuren haben dagegen einen schlechten Ruf, da sie das Risiko für Herz-Kreislauf-Erkrankungen erhöhen. An der Konsistenz des Fettes bei Zimmertemperatur erkennen Sie ungefähr sein Fettsäurenmuster: je härter, desto mehr gesättigte Fettsäuren. Öle, die auch im Kühlschrank flüssig bleiben, haben einen hohen Anteil an mehrfach ungesättigten Fettsäuren:

- fest: Talg, Palmkernfett, Kokosfett
- weich: Schmalz, Butter, Margarine
- flüssig: Lebertran, Fischöl, Pflanzenöle

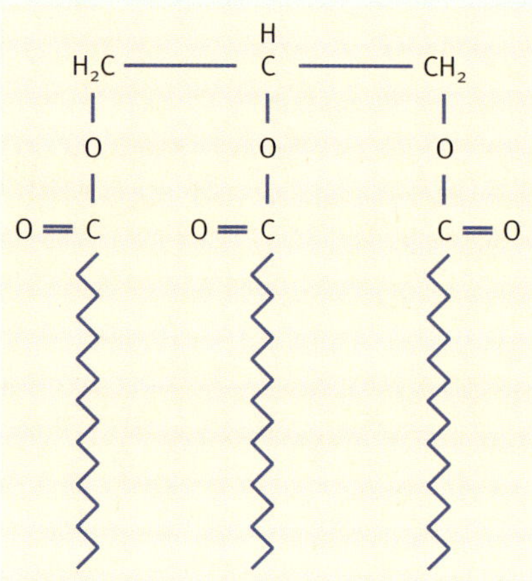

Die drei »Schwänzchen« sind die drei Fettsäuren. Sie sind chemisch an den »Kopf«, den Glyzerinrest, gebunden.

Nomenklatur der Fette

Chemisch betrachtet bestimmt die Stellung einer Doppelbindung im langen Fettsäuremolekül, ob es sich um eine Omega-3-, -6- oder -9-Fettsäure handelt. Die Linolensäure ist eine mehrfach ungesättigte Omega-3-Fettsäure. Dagegen sind die Arachidonsäure und die Linolsäure mehrfach ungesättigte Omega-6-Fettsäuren. Die Ölsäure zählt zu den einfach ungesättigten Omega-9-Fettsäuren.

Da Chemiker alles in Formeln packen, haben sie auch für die Fettsäuren eine knackige Formelsprache geschaffen: Die im Olivenöl reichlich vorhandene Ölsäure ist eine 18 : 1ω-9-Fettsäure, d. h. am 9. Kohlenstoffatom befindet sich eine sogenannte Doppelbindung.

Wenn Sie in Zukunft etwas von einer 18 : 3ω-3-Fettsäure lesen, handelt es sich um die Ihnen schon bekannte Linolensäure. Die Arachidonsäure ist in dieser Notierung eine 20 : 4ω-6-Fettsäure, die Linolsäure eine 18 : 2ω-6-Fettsäure.

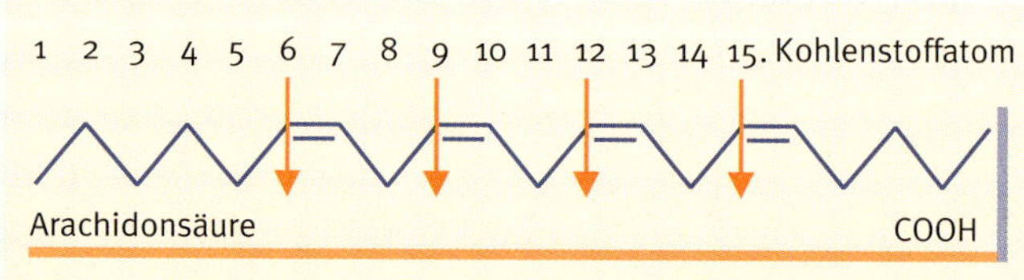

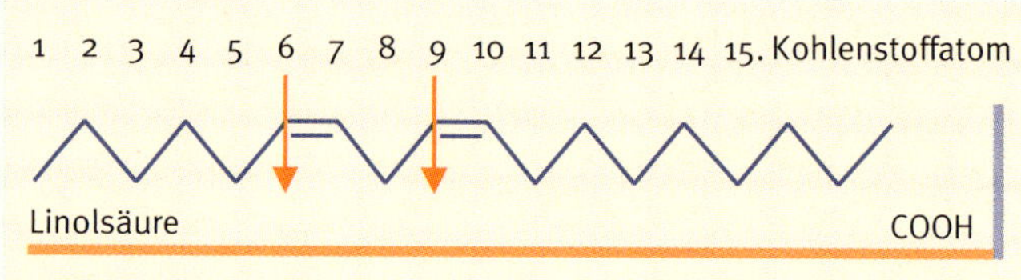

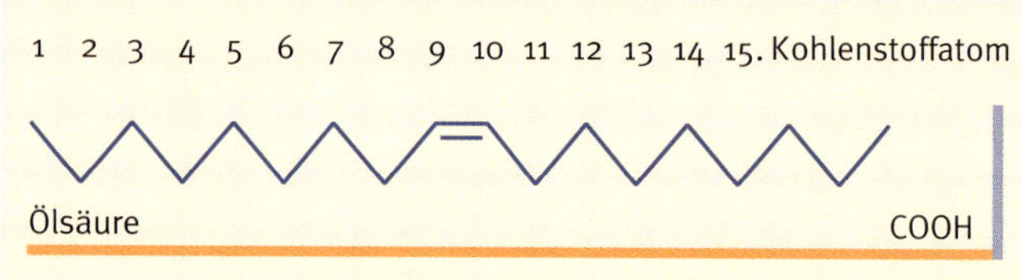

Arachidonsäure

Linolsäure (Omega-6-Fettsäure) und Linolensäure (Omega-3-Fettsäure) gehören zu den mehrfach ungesättigten essenziellen Fettsäuren, die der Körper mit der Nahrung aufnehmen muss, da er sie selbst nicht bilden kann. Arachidonsäure ist eine mehrfach ungesättigte Omega-6-Fettsäure, die im Körper grundsätzlich aus Linolsäure gebildet werden kann. Dies geschieht aber nur in geringem Maße, da es für den Körper einfacher ist, Arachidonsäure direkt aus tierischen Lebensmitteln aufzunehmen.

Besonders reich an Arachidonsäure sind Eigelb, Fleisch, Innereien und Fisch. Milch und Milchprodukte – vor allem die fettarmen Varianten – enthalten relativ wenig Arachidonsäure. Pflanzliche Lebensmittel sind ganz frei davon. Während man mit der üblichen Mischkost am Tag rund 300 Milligramm Arachidonsäure zu sich nimmt, enthält eine vegetarische Kost nur etwa 50 Milligramm. Aus diesem Grund haben wir auch auf Rezepte mit Fleisch verzichtet, um Ihnen eine möglichst große Bandbreite vegetarischer Gerichte zu bieten.

Sie fragen sich, welche Rolle Arachidonsäure bei MS spielt? Aus dieser Fettsäure entstehen im Körper mehrere Entzündungsbotenstoffe (sogenannte Prostaglandine und Leukotriene), welche die Aktivität von Entzündungszellen steigern. Je mehr Arachidonsäure vorhanden ist, desto mehr Botenstoffe können gebildet werden. Eine Verringerung der Arachidonsäure in der Nahrung beeinflusst beispielsweise den Krankheitsverlauf bei Patienten mit entzündlichen Gelenkerkrankungen (rheumatoide Arthritis) positiv. Diese Gelenkerkrankungen zählen wie die Multiple Sklerose zu den entzündlichen Autoimmunerkrankungen.

TIPP

Es ist wahrscheinlich, dass eine Verminderung der Arachidonsäure in der Ernährung auch bei Multipler Sklerose nützlich ist.

So viel Arachidonsäure enthält …

Lebensmittel	Arachidonsäure (mg/100 g)	Lebensmittel	Arachidonsäure (mg/100 g)
Milch (3,5 % Fett)	4	Huhn (Schlegel)	190
Sahne (30 % Fett)	32	Pute (Schlegel)	150
Butter	83	Kabeljau	3
Eigelb	300	Hering	30
Kalbfleisch	50	Forelle	30
Rindfleisch	70	Thunfisch	280
Schweinefleisch	120	Lachs	300

Omega-3-Fettsäuren

Neben der Einschränkung der Arachidonsäure-Zufuhr mit der Nahrung gibt es eine weitere Möglichkeit, die Bildung von Entzündungsbotenstoffen im Körper zu verringern. Essen Sie viel Omega-3-Fettsäuren. Diese Fettsäuren, die vorwiegend in bestimmten Pflanzenölen und im Fett von Meeresfischen vorkommen, konkurrieren mit Omega-6-Fettsäuren um die gleichen Enzymsysteme. Bei einem hohen Angebot an Omega-3-Fettsäuren kümmern sich die verarbeitenden Enzyme vor allem um diese und lassen die Omega-6-Fettsäuren links liegen. Da auf diese Weise weniger entzündungsfördernde Botenstoffe entstehen, kann eine entzündliche Erkrankung gelindert werden.

SO WIRD'S GEMACHT

Am besten zu Pflanzenölen greifen

Um das Gleichgewicht zugunsten der entzündungshemmenden Omega-3-Fettsäuren zu verschieben, müssen bei üblicher Mischkost (mit ihrem beträchtlichen Arachidonsäure-Anteil) pro Tag etwa 3 Gramm zugeführt werden. Die entzündungshemmende Wirkung der Omega-3-Fettsäuren lässt sich durch gleichzeitige Verminderung der Arachidonsäure-Zufuhr steigern. Dies gelingt am besten mit einer an Pflanzenfetten orientierten Kost. Denn neben Fischfett enthalten auch einige pflanzliche Öle Omega-3-Fettsäuren.

Wie Entzündungsstoffe entstehen und gehemmt werden

Ein Beispiel: Die Omega-3-Fettsäure Eicosapentaensäure konkurriert mit der Omega-6-Fettsäure Arachidonsäure um das abbauende Enzym Lipoxygenase. Im weiteren Abbau werden aus beiden Fettsäuren sogenannte Leukotriene herstellt. Diese Leukotriene gehören zur Gruppe der Eicosanoide, die eine Vielzahl biologischer meist hormonähnlicher Reaktionen hervorrufen. Leukotriene wirken in sehr geringen Konzentrationen, und deshalb können bereits geringe Verschiebungen große Wirkungen erzielen. So entsteht bei Zufuhr von Eicosapentaensäure das Leuktorien B5 (LTB5), bei Zufuhr von Arachidonsäure das Leukotrien B4 (LTB 4). Das LTB 4 lockt verstärkt Entzündungszellen an und wirkt in diesem Zusammenhang eher entzündungsfördernd.

Aus Omega-6-Fettsäuren entstehen also Botenstoffe, die die Entzündungen im Körper fördern. Aus Omega-3-Fettsäuren hingegen Botenstoffe, die das Entzündungsgeschehen eher hemmen. Das Verhältnis dieser beiden Fettsäuren zueinander wird durch unsere Ernährung bestimmt!

Die direkte Vorstufe für entzündungsfördernde Botenstoffe ist die Omega-6-Fettsäure Arachidonsäure, sie kommt nur in tierischen Lebensmitteln (Fleisch, Fisch, Ei und fettreiche Milchprodukte) vor. Im Körper kann sie zusätzlich aus

Omega-3-Fettsäuren sind enthalten in:

Lebensmittel	Gewichtsprozent (Gew.-%)
Pflanzenölen	
Leinsamenöl (Leinöl)	über 50
Hanföl	ca. 17
Walnussöl	ca. 17
Rapsöl	ca. 9
Sojaöl	ca. 8
Meeresfischen (Fischöl)	
Seelachs (gegart, geräuchert)	1,8
Sardellen (in Öl eingelegt)	1,7
Hering (in Essig eingelegt)	1,2
Makrele (gekocht, geräuchert)	1,0
Thunfisch (in Wasser eingelegt)	0,7

Wissenschaftliche Studien zu Nahrungsfetten und Multipler Sklerose

Erste Untersuchungen zum Einfluss von Nahrungsfetten auf die Multiple Sklerose wurden schon vor 1950 gemacht. Dabei handelte es sich um sogenannte epidemiologische Studien. Darin wurde die Zahl der neu auftretenden MS-Erkrankungen pro Jahr (die sogenannte Inzidenz) in einer Region mit den dortigen Ernährungsgewohnheiten verglichen. Da die Inzidenz der Multiplen Sklerose im Zweiten Weltkrieg zurückgegangen und danach mit zunehmendem Fettverbrauch wieder angestiegen war, wurde zuerst ein Zusammenhang zwischen der Höhe der Fettzufuhr und der Zahl der MS-Erkrankungen hergestellt.

Doch die einfache Gleichung »je mehr Fett, desto mehr Multiple Sklerose« ging nicht auf. Bald wurde deutlich, dass Regionen, in denen als Nahrungsfett überwiegend Pflanzenöl verwendet wird (»Ölregionen«), eine geringere MS-Inzidenz haben als Regionen, die überwiegend tierisches Nahrungsfett verwenden (»Butterregionen«). In neueren Studien wurde außerdem ein Zusammenhang zwischen einer höheren MS-Inzidenz und einem hohen Fleisch- und Milchkonsum sowie zwischen einer höheren MS-Inzidenz und einem geringen Fischkonsum gefunden.

Solche Studien müssen jedoch vorsichtig interpretiert werden, denn oft wirken mehrere Faktoren zusammen: Möglicherweise beruht die niedrigere MS-Inzidenz in den zumeist südlicheren Ölregionen auch auf günstigen Erbanlagen der dortigen Bevölkerung, auf dem Klima (Bedeutung von Sonnenlicht und Vitamin D, siehe S. 30) und auf weiteren Lebensgewohnheiten. Bei MS-Betroffenen wurden geringere Spiegel von Linolsäure in Blut und Nervenwasser gefunden. Auch im Gehirn fanden sich geringere Mengen an Linolsäure und anderen ungesättigten Fettsäuren. Wie oft bei wissenschaftlichen Fragen gab es auch Studien, die diese Befunde nicht bestätigten. Aber selbst tierexperimentelle Daten sprechen für die Bedeutung von ungesättigten Fettsäuren bei der MS. Es ist möglich, bei Tieren eine der MS sehr ähnliche Erkrankung auszulösen. Wenn Versuchstiere mehrfach ungesättigte Fettsäuren (z. B. Linolsäure) erhielten, war der Verlauf der Entzündung geringer.

Was bewirken die Fettsäuren?

Die Untersuchung einzelner Fettsäuren, wie z. B. der Linolsäure, die Patienten mit Multipler Sklerose in kontrollierten Studien in großen Tagesmengen (bis zu 23 Gramm) erhielten, führte zu recht unterschiedlichen Ergebnissen. Einzelne Studien ließen zwar den Schluss zu, dass eine hohe Linolsäure-Zufuhr die Zahl, Dauer und Schwere von MS-Schüben verringern kann. Eine zusammenfassende Auswertung (Metaanalyse) aller zwischen 1966 und 2006 erfolgten Studien kam jedoch zu dem Schluss, dass von einer hohen Linolsäure-Zufuhr im Großen und Ganzen kein maßgeblicher Effekt zu erwarten ist. Da Fischöl besonders reich an mehrfach ungesättigten Omega-3-Fettsäuren ist, wurde die Wirkung dieser Fettsäuren bei Multipler Sklerose meist mit Fischöl untersucht. Mehrere Studien zeigten einen Trend zugunsten eines leichteren Krankheitsverlaufes mit weniger Schüben und geringeren Beschwerden. Die Metaanalyse der Studien von 1966 bis 2006 ergab, dass der Effekt der Omega-3-Fettsäuren zwar nicht sofort eintritt, dass aber nach zweijähriger Anwendung ein deutlicher Nutzen bezüglich des Krankheitsverlaufs ersichtlich wird. Nach dem Ergebnis der Metaanalyse spricht eine Wahrscheinlichkeit von 92 Prozent dafür, dass die Anwendung der Omega-3-Fettsäuren über zwei Jahre nützlich ist. Nach strengen wissenschaftlichen Kriterien würde eine Wahrscheinlichkeit von 95 Prozent als Beweis gewertet. In der Metaanalyse wurde außerdem hervorgehoben, dass die Anwendung der Omega-3-Fettsäuren (in der verwendeten Menge) so gut wie keine Nebenwirkungen hatte.

Das Forschungsergebnis entspricht der Erkenntnis, dass sich das Fettsäuremuster im Körper durch die Nahrung verändern lässt, eine solche Änderung aber etwas länger dauert. Man muss sein Ernährungsverhalten langfristig ändern, bis die gewünschte Wirkung eintritt. Dies gilt nicht nur für die Nahrungsumstellung auf Omega-3-Fettsäuren, sondern auch für die Umstellung auf eine mehr an pflanzlichen Lebensmitteln orientierte Kost. Auch hierbei kommt die Arachidonsäure-Reduktion im Körper erst nach und nach zustande. Bedenken Sie auch, dass die Auswirkungen auf den Krankheitsablauf bei Multipler Sklerose sich im zentralen Nervensystem und damit jenseits der Blut-Hirn-Schranke abspielen. Es ist natürlich viel einfacher, zusätzlich ein Nahrungsergänzungsmittel zu nehmen, als die Nahrungsgewohnheiten zu ändern. Aber gerade die Verminderung tierischer Fette erscheint sinnvoll. Vermutlich bringt es nur wenig, zusätzlich »gute« Fette zu sich zu nehmen, ohne die Zufuhr von »schlechten« Fetten zu vermindern.

Empfehlungen für Sie

Es spricht vieles dafür, dass eine deutliche Reduktion der gesättigten Fettsäuren und der Arachidonsäure in der Nahrung einen positiven Einfluss auf den Verlauf der Multiplen Sklerose hat. Dies gilt insbesondere dann, wenn zugleich der Anteil der Omega-3-Fettsäuren erhöht wird.

- Tierisches Fett in der Nahrung zu reduzieren, ist sinnvoll. Dies wird vor allem durch Umstellung auf pflanzliche Nahrungsmittel (u. a. Pflanzenöl) erreicht.
- Fleischmahlzeiten sollten reduziert und durch Fischmahlzeiten (etwa zwei pro Woche) ersetzt werden.
- Die Zufuhr von Omega-3-Fettsäuren durch Fischmahlzeiten und die Verwendung bestimmter Pflanzenöle (Weizenkeimöl, Leinöl, Sojaöl, Rapsöl) ist zu empfehlen.

Omega-6-Fettsäuren aus			Omega-3-Fettsäuren aus	
Membranlipiden	tierischen Lebensmitteln	pflanzlichen Lebensmitteln	pflanzlichen Lebensmitteln, Wild	Tiefseefisch
(90 % der AA wird in unsere Zellen eingebaut)	(Fleisch, Fisch, Eier, Milch)	(insbesondere Pflanzenöle, auch Nüsse, Kerne)	(vor allem Leinöl, auch Walnussöl, Rapsöl, Algen)	(Hering, Makrele, Thunfisch)
↓	↓	↓	↓	↓
Arachidonsäure (AA)	Arachidonsäure ←	Linolsäure	alpha-Linolensäure (Vorstufe von Eicosapentaensäure) →	Eicosapentaensäure (EPA), Docosahexaensäure (DHA)
↓	↓	↓	↓	↓
entzündungsfördernde Botenstoffe	entzündungsfördernde Botenstoffe	eher entzündungshemmende Botenstoffe	entzündungshemmende Botenstoffe	entzündungshemmende Botenstoffe

Linolsäure, die vor allem in pflanzlichen Ölen vorkommt, gebildet werden. Die Bildung von Arachidonsäure aus Linolsäure kann durch eine Zufuhr von über 10 Gramm Linolsäure/Tag und Omega-3-Fettsäuren gehemmt werden. Einen beträchtlichen Anteil an Linolensäure, einer Omega-3-Fettsäure, enthalten Lein-, Walnuss- und Rapsöl. Längerkettige Omega-3-Fettsäuren kommen hauptsächlich in fettreichen Kaltwasserfischen wie Hering, Makrele und Thunfisch vor.

Um einen entzündungshemmenden Effekt zu erreichen, werden bei üblicher Mischkost pro Tag 30 Milligramm pro Kilogramm Körpergewicht Omega-3-Fettsäuren empfohlen (bei einem Körpergewicht von 70 Kilogramm sind das 2100 Milligramm). Deutlich geringere Mengen an Omega-3-Fettsäuren werden bei einer überwiegend vegetarischen Ernährungsweise benötigt. Das kann man mit der aufgenommenen Menge an Arachidonsäure erklären: Die Zufuhr beträgt bei einer üblichen Mischkost 300–400 Milligramm pro Tag, bei einer überwiegend vegetarischen Ernährung jedoch nur rund 50 Milligramm. Die Freisetzung der Arachidonsäure aus Zellen und Membranen, die unter anderem beim entzündlichen Membranuntergang bei Schüben stattfindet, wird durch Kortison gehemmt. Allerdings gilt auch für die Omega-3-Fettsäuren, dass ein Zuviel Probleme bereiten kann. So steigt bei einer Zufuhr von mehr als 3 Gramm dieser Fettsäuren das Risiko, Blutungen zu erleiden, da die Blutgerinnung gehemmt wird.

Vitamine

Vitamine sind zum Leben notwendige Substanzen, die der Körper mit wenigen Ausnahmen nicht selbst herstellen kann. Daher muss er sie in ausreichender Menge über die Nahrung erhalten. Vitamine sind an vielen Stoffwechselvorgängen beteiligt. Da manche Vitaminmangelzustände (wie z. B. der Mangel an Vitamin B_{12}) neurologische Ausfälle verursachen können, wurde vermutet, dass der Multiplen Sklerose ein Vitaminmangel zugrunde liegen könnte. Dies hat sich aber nie bestätigt. Die Multiple Sklerose ist definitiv keine Vitaminmangelkrankheit! Dennoch haben Vitamine eine Bedeutung für die Erkrankung.

Grundsätzlich gilt, dass die Vitaminversorgung bei gesunder, ausgewogener Ernährung, normaler Magen-Darm- und Leberfunktion sowie schonender Zubereitung der Lebensmittel in aller Regel ausreichend ist. Bei dem heutigen Lebensmittelangebot gilt dies für das ganze Jahr. Sorgen über einen möglichen Vitaminmangel sind unter diesen Voraussetzungen unbegründet. Eine vorbeugende zusätzliche Vitamineinnahme ist grundsätzlich nicht nötig. Eine übermäßige Zufuhr von fettlöslichen Vitaminen (Vitamin A, D, E und K) sowie des wasserlöslichen Vitamins B_6 kann Schaden anrichten. Allerdings ist eine Überdosierung über Nahrungsmittel praktisch nicht möglich.

Eine dauerhafte Vitaminzufuhr über die Nahrung hinaus ist nur dann erforderlich bzw. sinnvoll, wenn ein Vitaminmangel vorliegt oder wenn ein erhöhter Bedarf an bestimmten Vitamineffekten besteht. Letzteres könnte bei Multipler Sklerose der Fall sein. Nehmen Sie beispielsweise einen hohen Anteil mehrfach ungesättigter Fettsäuren zu sich, steigt Ihr Vitamin-E-Bedarf.

Insbesondere ein Mangel an Vitamin B_{12} wurde mit der MS in Zusammenhang gebracht, da Vitamin B_{12} für die Bildung von Myelin notwendig ist. Ein Mangel dieses Vitamins kann zu MS-ähnlichen Krankheitssymptomen führen. In einigen Studien fand man heraus, dass es bei MS-Patienten häufiger zu einem Vitamin-B_{12}-Mangel kommt als bei Gesunden. Auch unmittelbar nach Kortisonhochdosistherapien ist der Vitamin-B_{12}-Spiegel verringert. Der Vitamin-B_{12}-Spiegel kann im Blut gemessen werden, sodass der Verdacht auf einen entsprechenden Mangel mittels Laboruntersuchungen entkräftet werden kann.

Vitamine als Antioxidanzien

Schon bei normalen Stoffwechselvorgängen, vermehrt aber bei Entzündungen, entstehen sogenannte freie Radikale. Sie sind in der Lage, andere Stoffe zu oxidieren und dabei ganze Kettenreaktionen auszulösen. Wenn sie nicht durch Antioxidanzien in Schach gehalten werden, machen sie weder vor Eiweißen, noch vor Fetten, noch vor der DNS im Zellkern halt und können so beträchtlichen Schaden anrichten. Das Wirken dieser freien Radikale wird als oxidativer Stress bezeichnet, wenn es nicht gelingt, sie durch Radikalfänger an die Kette zu legen.

Vielleicht ist es beruhigend zu wissen, dass der Körper selbst sehr wirksame Antioxidanzien parat hält und dass die Zufuhr solcher Stoffe von außen nur eine zusätzliche Hilfsmaßnahme darstellt, die aber höchst willkommen sein kann. Antioxidanzien lassen sich von den freien Radikalen bereitwillig oxidieren, wodurch die Radikale »entschärft« werden.

Gehirn und Rückenmark sind einerseits besonders anfällig für oxidativen Stress, enthalten aber andererseits selbst relativ wenig Radikalfänger. Daher ist die Zufuhr von Antioxidanzien mit der Nahrung für diese Organe besonders wichtig.

Zu den Antioxidanzien gehören die Vitamine A, C und E sowie verschiedene Carotinoide (z. B. α-Karotin, β-Karotin, Zeaxanthin, Lutein, Lycopin). Weiterhin Koenzym Q und eine Reihe weiterer Pflanzenstoffe wie Polyphenole, die z. B. in grünem Tee, Blaubeeren, Holunderbeeren und roten Weintrauben zu finden sind. Auch das Spurenelement Selen spielt eine wichtige Rolle für Enzyme, die antioxidativ wirken.

Vitamin E

Das fettlösliche Vitamin E wird aus dem Darm zusammen mit Fetten aufgenommen. Es schützt Nahrungs- und Körperfett vor der Oxidation. Wenn Sie im Rahmen Ihrer gesunden, ausgewogenen Ernährung pflanzliche Öle (z. B. Weizenkeimöl und Sonnenblumenöl), Diätmargarine, Nüsse und Getreidekeime verwenden, ist Ihre Vitamin-E-Versorgung grundsätzlich gesichert.

Fette mit einem hohen Anteil an ungesättigten Fettsäuren benötigen einen Teil ihres Vitamin E selbst, sodass dem Körper nur der Rest zur Verfügung steht. Im Extremfall bleibt für den Körper nichts übrig, oder das Fett (z. B. Färberdistelöl) entzieht dem Körper sogar noch Vitamin E für seine Zwecke.

TIPP

Durch einen hohen Anteil an mehrfach ungesättigten Fettsäuren (z. B. Omega-3-Fettsäuren) in der Nahrung steigt auch Ihr Vitamin-E-Bedarf.

Eine der Hauptfunktionen von Vitamin E im Körper besteht darin, die Zellmembranen zu stabilisieren, die alle Körperzellen umgeben. Diese Zellhüllen bestehen hauptsächlich aus Eiweißen und Fettsäureketten. Vitamin E stabilisiert die Zellwände, indem es freie Radikale abfängt, welche die Fettsäuren angreifen würden. Das durch die Reaktion mit einem freien Radikal oxidierte Vitamin E wird durch Vitamin C wieder regeneriert und kann danach erneut auf Radikalfang gehen.

Die Zellhüllen des Gehirns enthalten besonders viele, leicht oxidierbare Fettsäuren, während die antioxidative Kapazität des Gehirns geringer ist als im übrigen Körper. Die Myelinscheide von Nervenfasern besteht zu ca. ¾ aus (oxidierbaren) Fetten und zu ca. ¼ aus Eiweißen.

Da sich der Krankheitsprozess der Multiplen Sklerose hauptsächlich an den empfindlichen Membranen von Nervenzellen und an den Myelinscheiden von Nervenfasern (den sogenannten Axonen) abspielt, kann ein verstärkter antioxidativer Schutz u. a. durch Vitamin E und Vitamin C nützlich sein.

Eine tägliche Vitamin-E-Zufuhr zusätzlich zur Nahrung von 100 bis 400 Milligramm wird ohne Nebenwirkungen gut vertragen. Der Nutzen einer Nahrungsergänzung mit Vitamin E bei Multipler Sklerose ist zwar formal wissenschaftlich noch nicht bewiesen, aus wohlbegründeten Erwägungen sind aber die folgenden Empfehlungen möglich.

Vitamin-C-Gehalt einiger Nahrungsmittel

Lebensmittel	Vitamin C (mg/100 g)	Lebensmittel	Vitamin C (mg/100 g)
Hagebutten	1000	rote Johannisbeeren	25
Sanddorn	450	Kopfsalat	13
Kiwi	71	Tomaten	24
Orangen	50	Rettich	27
Zitronen	53	Weißkohl	45
Grapefruit	44	Spinat	50
Apfel, Pfirsich, Banane	10–12	Paprika	139
Ananas, Heidelbeeren	19–20	Petersilie	165
Himbeeren	20	Kartoffeln	17
Mandarinen	25	Milch	1,7

Empfehlungen zur Nahrungsergänzung mit Vitamin E:

- Neben einer Vitamin-E-reichen Kost können Sie Vitamin E zusätzlich in Tagesdosen bis 400 Milligramm einnehmen.
- Höhere Dosen sind nicht ratsam, da sie zur vermehrten Freisetzung von Entzündungsbotenstoffen führen können.
- Die Einnahme von Nahrungsergänzungsmitteln kann eine gesunde, ausgewogene Ernährung nicht ersetzen.
- Ihr Arzt oder Ihre Ärztin sollte wissen, dass Sie Vitamin E einnehmen.

Vitamin C

Vitamin C ist ein wasserlösliches Vitamin, das in vielen Obst- und Gemüsesorten vorkommt. Bei wasserlöslichen Vitaminen ist die Gefahr einer Überdosierung gering, da der Überschuss über die Nieren ausgeschieden wird. Sie können daher bis zu 1000 Milligramm Vitamin C pro Tag gefahrlos einnehmen. Bei Einnahme höherer Dosen (ab etwa 3 Gramm pro Tag) verschlechtert sich die Aufnahme des Vitamins aus dem Darm. Wenngleich es keinen Grund für die Zufuhr von sehr hohen Dosen an Vitamin C gibt, sind selbst bei Tagesdosen von über 10 000 Milligramm keine Schäden zu befürchten.

Im Normalfall ist eine gute Vitamin-C-Versorgung aus der Nahrung kein Problem, wenn Sie genügend Obst und Gemüse essen. Beachten Sie dabei aber, dass Vitamin C durch Lagerung (vor allem in warmer Umgebung) und durch Luftsauerstoff verloren geht. Auch bei Konserven und Tiefkühlkost treten große Lagerungsverluste auf. Der enzymatische Abbau von Vitamin C erfolgt hauptsächlich bei Temperaturen zwischen 40 und 80 Grad. Daher sollte man Gemüse entweder roh essen oder bei hohen Temperaturen kurz angaren, damit die abbauenden Enzyme schnell zerstört werden. Beim Kochen im Wasser wird Vitamin C inaktiviert und verliert sich im Kochwasser.

Vitamin C hat viele Aufgaben im Körper: Es ist beteiligt an der Bildung von Botenstoffen im Gehirn, an der Entgiftungsfunktion der Leber, der Eisenaufnahme im Darm und der Gesunderhaltung von Haut und Schleimhäuten. Bei

Carotinoide, die in Lebensmitteln in bedeutender Menge vorkommen

Alphacarotin	hitzestabil	in Kürbis und Möhren
Betacarotin	hitzestabil	in Möhren und dunkelgrünem Blattgemüse (Mangold, Spinat, Wirsing, Grünkohl, Stammkohl)
Zeaxanthin	hitzeempfindlich	vor allem in Mais
Lutein	hitzeempfindlich	in Grünkohl, Wirsing, Spinat, Feldsalat
Lycopin	hitzestabil	in Tomaten, Grapefruit, Papaya

Multipler Sklerose hat Vitamin C seine entscheidende Bedeutung wahrscheinlich als antioxidative Substanz, die zusammen mit Vitamin E freie Radikale unschädlich macht und so den Bestand von Zellmembranen sichert.

MEHR WISSEN

Ein nützlicher Nebeneffekt von Vitamin C besteht darin, dass es als wasserlösliche leichte Säure (Ascorbinsäure) den Urin ansäuert. Dies verschlechtert die Lebensbedingungen für Bakterien und vermindert das Risiko für Harnwegsinfekte.

Empfehlungen zur Nahrungsergänzung mit Vitamin C:

- Die besten Vitamin-C-Quellen sind frisches Obst und Gemüse. Die darin auch reichlich enthaltenen Flavonoide verstärken die Wirkung des Vitamins.
- Eine zusätzliche Einnahme von Tagesdosen von 1000 Milligramm ist gefahrlos möglich und kann bei Multipler Sklerose nützlich sein.
- Das Angebot an Vitamin-C-Präparaten in den Apotheken ist groß, der Preisvergleich lohnt sich. Eventuell ist es günstiger, reine Ascorbinsäure (Vitamin C) zu erwerben als teure Brausetabletten.

Carotinoide – Vorstufe zum Vitamin A

Carotinoide sind fettlöslich und stammen aus pflanzlichen Nahrungsmitteln. Es gibt etwa 600 verschiedene Carotinoide, die alle etwas unterschiedlich wirken. Betacarotin beispielsweise wird leicht in Vitamin A umgewandelt (Provitamin A) und wirkt daher im Körper ähnlich wie Vitamin A (das selbst nur in tierischen Nahrungsmitteln vorkommt). Lycopin dagegen hat eine größere antioxidative Wirkung als Betacarotin, eignet sich aber weniger als Vitamin-A-Vorstufe.

Reich an Betacarotin sind Süßkartoffeln, Karotten, Kürbisse, Pfirsiche und Aprikosen. Diese Obstsorten verdanken ihre rötlich-orange Farbe dem Carotin. Aber auch Mangold, Kresse, Dill, Spinat und Petersilie enthalten relativ viel Betacarotin. Für die Nahrungszubereitung ist von Interesse, dass einige Carotinoide hitzestabil sind, andere nicht.

Es wird eine tägliche Zufuhr von mindestens 2 Milligramm Betacarotin mit der Nahrung empfohlen. Die fettlöslichen Carotinoide werden nur aufgenommen, wenn sie zusammen mit Fetten verzehrt werden. Dies gelingt mit gut zerkleinerten (gekauten) oder pürierten Lebensmitteln am besten.

TIPP

5 am Tag: Verzehren Sie Ihre 5 Portionen Obst und Gemüse am Tag in einer farbenprächtigen Vielfalt, und Sie haben die ganze Palette der Carotinoide zu sich genommen.

Vitamin D

Vitamin D hat sich in den letzten Jahren zu einem wichtigen Thema bei entzündlichen Autoimmunerkrankungen wie der Multiplen Sklerose entwickelt. Hier aber zunächst die Grundlagen: Vitamin D zählt im engeren Sinne nicht zu den Vitaminen, da es der Körper – mithilfe von ultravioletten Strahlen (UV-B-Strahlung) aus dem Sonnenlicht – selber bilden kann. Es wurde dennoch den Vitaminen zugeordnet, da die übliche Sonneneinstrahlung häufig nicht ausreicht und die Zufuhr über die Nahrung einen Mangel beheben kann. Für die körpereigene Vitamin D-Bildung in der Haut sind keine langen Sonnenbäder nötig. Es reicht ein täglicher (!) Aufenthalt im Freien von etwa 10 bis 30 Minuten (je nach Hauttyp). Der UV-Anteil des Sonnenlichts tritt auch bei bedecktem Wetter durch die Wolkenschicht, sodass Sie auf jeden Fall von einem Aufenthalt im Freien profitieren. Die Eigenproduktion an Vitamin D kann jedoch durch zu wenig Aufenthalt im Freien, durch die zunehmende Verwendung von Sonnenschutzcreme und durch geringe UV-Strahlen bei starker Luftverschmutzung vermindert sein.

Vitamin D wird als fettlösliches Vitamin zusammen mit Nahrungsfetten aus dem Darm aufgenommen. Es kommt vor allem in fetthaltigen Fischen und Meeresfrüchten, in Milch(produkten), Fleisch und Eigelb vor. Die Übersicht auf der folgenden Seite nennt gleichzeitig auch die Lebensmittel, die viel Kalzium enthalten, weil dieser Zusammenhang für die Vorbeugung der Osteoporose (Knochenverlust, siehe S. 52) wesentlich ist.

Das mit der Nahrung aufgenommene sowie das in der Haut unter dem Einfluss von UV-Licht gebildete Vitamin D ist nur eine Vorstufe des im Körper wirksamen Vitamins, das in seiner Wirkung den Hormonen gleichzusetzen ist. Das aktive Vitamin D wird deswegen auch als Vitamin-D-Hormon bezeichnet. Es entsteht in zwei Schritten:

1. Der erste Schritt in Richtung volle Funktionsfähigkeit erfolgt in der Leber.
2. Die ultimative Reaktion, bei der streng geregelt das aktive Vitamin-D-Hormon entsteht, findet dann in der Niere statt.

Osteoporose vorbeugen: Vitamin D steigert die Kalziumaufnahme aus dem Darm und vermehrt den Kalziumeinbau in die Knochen. Es hilft damit, Osteoporose und ihre Folgen (Schmerzen, Knochenbrüche) zu verhindern.

Vitamin D ist wesentlich bei Multipler Sklerose

Nach neueren Erkenntnissen hat Vitamin D auch eine wichtige Funktion bei der Immunregulation. Wie bei der Erforschung des Zusammenhangs zwischen Nahrungsfetten und Multipler Sklerose bilden auch hier epidemiologische Untersuchungen zur Häufigkeit der Multiplen Sklerose bei guter oder schlechter Vitamin-D-Versorgung den Ausgangspunkt. Die Versorgungslage lässt sich anhand der Ernährungsgewohnheiten, aber auch anhand des Blutspiegels des aktiven Vitamin-D-Hormons ermessen. Diese Untersuchungen ergaben, dass das MS-Risiko – kollektiv gesehen, also auf eine größere Gruppe von Menschen bezogen – bei hohen Vitamin-D-Blutspiegeln geringer war als bei niedrigen. Dieser Zusammenhang hat sich auch bei anderen Autoimmunerkrankungen gezeigt.

Die schlechte Vitamin-D-Versorgung erwies sich dabei aber nicht als irgendein Faktor. Neben Rauchen und Infektionen mit dem sogenannten Epstein-Barr-Virus gehört sie zu den am konstantesten nachweisbaren äußerlichen Faktoren, die zur Entstehung der Erkrankung beitragen. Dass die Multiple Sklerose in nördlichen Gebieten, z. B. Skandinavien, häufiger vorkommt als am Mittelmeer, wird u. a. auf die geringere Sonneneinstrahlung und die dadurch geringere Bildung von aktivem Vitamin D zurückgeführt.

Aktuelle Studienergebnisse

Aktuelle Untersuchungen aus Norwegen hatten ein für die Ernährung bei Multipler Sklerose hochinteressantes und motivierendes Ergebnis. Der Nachteil der geringen Sonneneinstrahlung lässt sich wahrscheinlich durch eine Ernährung mit hohem Fischanteil, die reich an Vitamin D und Omega-3-Fettsäuren ist, ausgleichen. Die Bevölkerung, die sich in dieser Weise ernährte, hatte nämlich trotz des Standortnachteils keine höhere MS-Häufigkeit als Südländer.
Wie kann man sich die vorbeugende und wahrscheinlich auch therapeutische Vitamin-D-Wirkung erklären? Vitamin D scheint einen Beitrag zur Regulierung der Immunreaktion zu leisten. Regulierung bedeutet in diesem Zusammenhang offenbar, dass es Angriffe von T-Lymphozyten, die sich gegen körpereigenes Gewebe richten, abbremst.
In einer großen prospektiven Studie wurde gezeigt, dass die Einnahme von zusätzlichem Vitamin D (Vitamin-D-Supplementation) zu 40 Prozent weniger MS-Erkrankungen führte. Diese Studie wurde an über 180 000 Krankenschwestern durchgeführt. Die dabei eingesetzte Dosis lag bei 400 I. E. (Internationale Einheiten) Vitamin D. Dies entspricht 10 Mikrogramm des Vitamins. Prospektiv bedeutet in diesem Zusammenhang, dass die Behandlung begonnen wurde und man dann in Zukunft beobachtete, was geschah. In mehreren kleinen Studien wurde auch gezeigt, dass eine Vitamin-D-Supplementation den Krankheitsverlauf günstig beeinflusste. Eigene Studien zeigten, dass MS-Betroffene im Mittel 50 Prozent weniger Vitamin D zu sich nehmen, als die Deutsche Gesellschaft für Ernährung empfiehlt.

Empfehlungen

Die praktischen Empfehlungen daraus lauten:

- Eine gute Vitamin-D-Versorgung ist wesentlich bei Multipler Sklerose. Sie beugt der Osteoporose und der Entstehung weiterer Autoimmunerkrankungen vor. Es wird in Deutschland generell eine Zufuhr von mindestens 5 Mikrogramm (= 200 I. E.) pro Tag empfohlen. Bei Patienten mit einer Minderung der Knochenmasse wird eine Zufuhr von 800 I. E. pro Tag d. h. 20 Mikrogramm empfohlen. Wir geben meist 1000 I. E. pro Tag. Eine massive Überdosierung von Vitamin D kann zu Schäden führen. Allerdings treten diese erst ab Dosen von 500 –1000 Mikrogramm pro Tag auf.
- Lässt sich eine gute Vitamin-D-Versorgung durch die Ernährung und den häufigen Aufenthalt im Freien allein nicht erreichen, ist eine zusätzliche Vitamin-D-Einnahme zu erwägen.
- Wegen der zahlreichen Wirkungen von Vitamin D im Körper sollten Sie die zusätzliche Vitamin-D-Einnahme immer mit Ihrem behandelnden Arzt oder Ihrer behandelnden Ärztin abstimmen.

Lebensmittel, die reichlich Vitamin D und viel Kalzium enthalten

Vitamin D	fetter Fisch, Meeresfrüchte, Lebertran
	Milch, Milchprodukte (z. B. fetter Käse, Quark)
	Fleisch, Leber
	Eigelb
Kalzium	Milch, Milchprodukte
	grünes Gemüse
	Eigelb
	Mineralwasser mit hohem Kalziumgehalt
	mit Kalzium angereicherte Fruchtsäfte

Denken Sie in diesem Zusammenhang an die Bedeutung des Sonnenlichts. Der Bedarf an Vitamin D über die Nahrung bzw. als Supplement wird umso größer, je kürzer die Zeit ist, die Sie draußen verbringen. Gehen Sie daher täglich an die frische Luft und bewegen Sie sich nach Ihren Möglichkeiten, denn auch Bewegung beugt dem Knochenabbau vor (siehe S. 52).

Spurenelemente

Spurenelemente, also chemische Elemente, die im Körper nur in ganz geringer Menge vorkommen, haben dennoch hochwichtige Stoffwechselfunktionen, so z. B. das Spurenelement Eisen für den Sauerstofftransport im Blut oder das Spurenelement Jod für die Bildung der Schilddrüsenhormone. Das Spurenelement Selen (wie auch die Spurenelemente Kupfer, Mangan und Zink) unterstützt die Abwehr freier Radikale und zählt daher zu den Antioxidanzien. Auf das Spurenelement Zink mit seiner enormen »Leistungspalette« sollten Sie ebenfalls besonders achten.

Die Zufuhr der hier vorgestellten Spurenelemente lässt sich im Allgemeinen gut über die Ernährung steuern. Bei nachgewiesenem Mangel ist die zusätzliche Einnahme eines Präparats in angemessener Dosierung und langfristig eine gezielte Nahrungsumstellung zu empfehlen.

Eisen

Eisen findet sich in jedem Molekül des roten Blutfarbstoffes Hämoglobin und ist für den Sauerstofftransport im Blut unverzichtbar. Blutverlust in größeren, aber auch wiederholt in kleineren Mengen wie bei der monatlichen Periodenblutung kann zu Eisenmangel führen, der bei Frauen weit häufiger als bei Männern vorkommt.

Auf einen Eisenmangel hinweisen können Blässe, Müdigkeit, Nervosität und Reizbarkeit. Auch das sogenannte Restless-Legs-Syndrom tritt bei Eisenmangel häufiger auf. Da alle diese Symptome auch andere Ursachen haben können, sollten Sie bei entsprechenden Beschwerden den Eisen- und Hämoglobin-Gehalt im Blut untersuchen lassen. Das Ergebnis zeigt dann an, ob Sie die Eisenzufuhr aus der Nahrung steigern und eventuell zusätzlich ein Eisenpräparat einnehmen sollen. Warten Sie damit nicht, bis der Eisenmangel Ihren Zustand durch Infektionen, Schleimhautentzündungen usw. verschlechtert.

Für erwachsene Männer wird der tägliche Eisenbedarf mit 10 Milligramm angegeben, für Frauen im gebärfähigen Alter mit 15 Milligramm. Haupteisenquellen sind Fleisch,

Wurst (Blutwurst), Fisch, Nüsse sowie grüne Gemüse- und Salatsorten. Eine gesunde, ausgewogene Ernährung deckt den Eisenbedarf im Allgemeinen. Die Verfügbarkeit von Eisen wird durch Vitamin C (in Obst und Gemüse) gefördert. Durch schwarzen Tee, Kaffee, Milch und Milchprodukte kann die Eisenaufnahme im Darm erschwert werden. Ohne nachgewiesenen Eisenmangel sollten Sie keine Eisenpräparate einnehmen, da eine Eisenüberladung des Körpers schädlich ist.

Jod

Jod ist zum Aufbau von Schilddrüsenhormonen unerlässlich. Jodmangel führt daher zu einer Schilddrüsenunterfunktion (Hypothyreose), die sich u. a. durch leichte Ermüdbarkeit, Gewichtszunahme und erhöhte Kälteempfindlichkeit bemerkbar macht. Die Schilddrüse versucht den Jodmangel zunächst durch Größenwachstum auszugleichen, wobei ein Kropf entstehen kann. Bei Kindern kann ein nicht rechtzeitig erkannter Jodmangel Entwicklungs- und Intelligenzstörungen verursachen.

Jodmangel zu vermeiden, ist nicht schwer. Deutschland gilt zwar – zumindest in den küstenfernen Landstrichen – als Jodmangelgebiet, doch allein schon die Verwendung von jodiertem Speisesalz oder Meersalz kann diesem Mangel abhelfen. Wenn Sie zusätzlich die Empfehlung aufgreifen, zweimal pro Woche Meeresfisch (Fische aus Süßwasser enthalten fast kein Jod) zu essen, ist die Gefahr eines Jodmangels so gut wie gebannt. Die Deutsche Gesellschaft für Ernährung empfiehlt 200 Mikrogramm Jod pro Tag. Diese Menge ist z. B. enthalten in 50 Gramm Schellfisch, 80 Gramm Seelachs, 100 Gramm Scholle, 160 Gramm Kabeljau, 380 Gramm Hering bzw. Heilbutt oder 400 Gramm Thunfisch.

Selen und andere antioxidative Spurenelemente

Selen ist ein unverzichtbarer Bestandteil von Enzymen (den sogenannten Glutathion-Peroxidasen), die freie Radikale entgiften. Diese Enzyme, zu denen noch einige weitere gehören, die ebenfalls Spurenelemente (Kupfer, Mangan, Zink) als obligatorische Bestandteile tragen, sind Hauptbastionen des körpereigenen Schutzsystems gegen oxidativen Stress. Selen und die übrigen genannten Spurenelemente unterstützen somit die Wirkung von Antioxidanzien, wie z. B. Vitamin C, Vitamin E und Carotinoiden.

Neben Vollkorngetreide sind Fisch, Sesam, Kokosnuss, Sojabohnen und Eier gute Selenlieferanten. Der Selengehalt pflanzlicher Lebensmittel hängt stark vom Anbauort ab. Ein Selenmangel ist nur bei parenteraler (»künstlicher«) Ernährung und Alkoholismus zu befürchten. Die Deutsche Gesellschaft für Ernährung gibt einen Selen-Tagesbedarf zwischen 30 und 70 Mikrogramm an. Tagesdosen bis 200 Mikrogramm dürften sicher und nützlich sein. Der Nutzen einer zusätzlichen Seleneinnahme in diesem Rahmen bei Multipler Sklerose ist wissenschaftlich nicht erwiesen. Selenmengen ab etwa 800 Mikrogramm pro Tag sind schädlich.

Zink

Zink ist ein unverzichtbarer Bestandteil zahlreicher Enzyme. Die damit verbundenen Enzymreaktionen sorgen u. a. für die Neutralisierung freier Radikale (Superoxid-Dismutase), den Abbau von Alkohol (Alkohol-Dehydrogenase), die Bildung von Wachstumshormonen und verschiedene Funktionen des Immunsystems. Zinkmangel, der z. B. bei Darmerkrankungen auftreten kann, führt bei Kindern zu Wachstumsstörungen sowie bei Kindern und Erwachsenen u. a. zu Haarausfall und Hautveränderungen, erhöhter Infektanfälligkeit, gestörter Wundheilung und psychischen Störungen.

Wie auch beim Eisen sind tierische Nahrungsmittel bessere Zinklieferanten als pflanzliche. Gute Zinkquellen sind dunkles Muskelfleisch, Fisch und Schalentiere. Auch Getreidekeimlinge, Haferflocken, Nüsse und Hülsenfrüchte enthalten Zink. Weizenvollkornmehl enthält 4 Milligramm Zink pro 100 Gramm, ausgemahlenes Weizenmehl nur ein Viertel davon. Gemüse und Obst spielen für die Zinkversorgung keine Rolle. Eine tägliche Zufuhr von 10 Milligramm (Männer) bzw. 7 Milligramm (Frauen) wird empfohlen.

Ballaststoffe

Was sich nicht besonders attraktiv anhört – Ballaststoffe – ist doch etwas, was für Ihre Ernährung sehr erstrebenswert ist. Ballaststoffe sind unverdauliche pflanzliche Nahrungsbestandteile (Zellulose, Pektine usw.), die von den Verdauungsenzymen nicht so stark zerkleinert werden, dass die Darmzellen sie aufnehmen können. Sie bleiben daher im Darm und werden mit dem Stuhl ausgeschieden. »Nutzloser Ballast«, würde man sagen. Dem ist aber keineswegs so, denn die Ballaststoffe sind für die Darmfunktion und die Gesundheit insgesamt sehr wichtig.

Während wir vor hundert Jahren noch etwa 100 Gramm Ballaststoffe pro Tag aßen, werden mit der heute üblichen Mischkost höchstens noch 30 Gramm Ballaststoffe zugeführt. Vegetarier sind hier klar im Vorteil, denn sie nehmen bis zu 70 Gramm Ballaststoffe pro Tag auf. Einige Studien zeigten, dass MS-Betroffene deutlich weniger Ballaststoffe zu sich nehmen als die Deutsche Gesellschaft für Ernährung empfiehlt.

Wieso können Wissenschaftler sogar die Hypothese in die Welt setzen, dass viele Zivilisationskrankheiten, wie z. B. Diabetes oder Arteriosklerose, (auch) auf einem zu geringen Ballaststoffgehalt der Nahrung beruhen?

Wir sind hier wieder an dem springenden Punkt, dass die Ernährung als konstanter und bedeutender Lebensfaktor fast immer mitwirkt, wenn die Weichen zwischen Gesundheit und Krankheit gestellt werden. Der Unterschied zwischen ballaststoffreich und ballaststoffarm macht sich schon beim Kauen bemerkbar. Ballaststoffreiche Kost (z. B. rohes oder nur leicht gedünstetes oder blanchiertes Gemüse) wird länger gekaut, dadurch besser zerkleinert und eingespeichelt als ballaststoffarme Kost. Dies bereitet die bessere Nutzung der Nahrungsbestandteile vor. Im Magen wird der ballaststoffreiche Nahrungsbrei länger zurückgehalten und verzögert an den Zwölffingerdarm weitergegeben. Dies verstärkt und verlängert das Sättigungsgefühl, wozu auch die verzögerte Zuckeraufnahme aus dem Darm beiträgt. Die gleichzeitige Verzögerung der Insulinfreisetzung bewirkt einen geringeren Aufbau von Fettreserven aus den resorbierten Nährstoffen.

Die in den Darm ausgeschiedenen Gallensäuren werden von den Ballaststoffen im Darm gebunden und mit dem Stuhl ausgeschieden. Dies hat eine weitere wichtige Auswirkung auf den Fettstoffwechsel: Die Leber muss die ausgeschiedenen Gallensäuren, die sonst aus dem Darm zur Wiederverwendung rückresorbiert werden, neu bilden und verbraucht dabei tüchtig Cholesterin. Dabei sinkt der Cholesterinspiegel. Dies entlastet die Arterien und bremst die Entstehung der Arteriosklerose.

Ballaststoffe halten den Darm auf Trab

Im Dünn- und besonders im Dickdarm erleichtern und beschleunigen Ballaststoffe den Stuhltransport. Ballaststoffe erhöhen das Stuhlvolumen. Indem die Pflanzenfaserreste aufquellen, wird der Stuhl weicher. Da die Ballaststoffe im Dickdarm zum Teil durch Bakterien abgebaut werden, kann es besonders zu Beginn einer ballaststoffreicheren Ernährung gelegentlich zu lästigen, aber letztlich harmlosen Blähungen kommen. Die folgende Übersicht nennt den Ballaststoffgehalt verschiedener Lebensmittel.

Ballaststoffgehalt in Gramm pro 100 Gramm verzehrbarer Nahrung

wenig Ballaststoffe stecken in		viel Ballaststoffe stecken in	
Äpfel	2,0	Aprikose, getrocknet	17,3
Aprikose, roh; Pflaume, roh	1,6	Erbsen, TK	5,4
Champignons	2,0	Feigen, getrocknet	12,9
Cornflakes	3,0	Haferflocken	9,5
Eier	0	Haselnuss	8
Eisbergsalat	0,6	Heidelbeeren	4,9
Erdbeeren	1,6	Himbeeren	4,7
Fette und Öle	0	Kichererbsen	21,4
alle Fische	0	Kidneybohnen, Dose	6,2
alle Fleischarten	0	Knäckebrot	14
Gurke	0,5	Leinsamen, ungeschält	38,6
alle Käsearten	0	Linsen	10,6
Kohlrabi	1,4	Mandeln	13,5
Laugenbretzel, -brötchen	1,9	Pflaume, getrocknet	18,8
Milch, Joghurt, Quark	0	Pumpernickel	9,3
Möhren, roh	3,6	schwarze Johannisbeeren	6,8
Naturreis	2,2	Sesamsamen	11,2
Radieschen	1,6	Sonnenblumenkerne, Walnuss	6,2
Reis, poliert	1,2	Topinambur, roh	12,1
Tomaten	1,0	Vollkornbrot (Weizen)	8,4
Weißbrot, Brötchen	3,0	Vollkorngetreide	9–13
alle Wurstwaren	0	Weizenkleie	45,1

Quelle: Die große GU-Nährwert-Kalorien-Tabelle, Neuausgabe 2008/9

Ballaststoffe regeln Cholesterinspiegel und Stuhlgang:

- Ballaststoffe sind zur Cholesterinsenkung geeignet. Als besonders wirksam haben sich dabei Haferkleie, Bohnen und Pektin erwiesen.
- Wer täglich Vollkornprodukte, Gemüse und Obst isst, erreicht die empfohlene Menge von mindestens 30 Gramm Ballaststoffen pro Tag. Ballaststoffe, reichlich Flüssigkeit und Bewegung sind die beste natürliche Strategie gegen Verstopfung.

Flüssigkeit

Eine ausreichende Flüssigkeitszufuhr hat eine herausragende Bedeutung für die Körperfunktionen und die Gesundheit. Dies gilt in besonderem Maße für die Funktionen von Darm, Nieren und Blase. Geeignete Durstlöscher sind kalorienfreie oder -arme Getränke wie Mineralwasser, Saftschorlen, Kräuter- und Früchtetees. Gegen Kaffee oder schwarzen Tee in Maßen spricht grundsätzlich nichts. Alkoholhaltige Getränke eignen sich als ständige Durstlöscher nicht. Achten Sie darauf, pro Tag 1,5 bis 2 Liter zu trinken. Ein kleiner Teil dieser Flüssigkeit wird mit fester Nahrung (z. B. Obst, Gemüse) aufgenommen.

Menschen mit Multipler Sklerose trinken manchmal zu wenig, um nicht zu oft zur Toilette zu müssen. Der häufige Harndrang lässt sich aber durch Flüssigkeitsentzug nur schlecht behandeln. Die Nachteile überwiegen eindeutig. Es empfiehlt sich eher, auf die bewährten Behandlungsmaßnahmen von Spezialisten (Neurologen, Urologen) zu vertrauen. Oft kann die Blasenfunktion medikamentös so weit gebessert werden, dass es beispielsweise möglich ist, ein Konzert ungestört zu erleben.

TIPP

Unsere Verdauung funktioniert nur dann gut, wenn wir genug trinken. Wer wenig trinkt, hat meist auch einen trägen Darm. Beachten Sie, dass Ballaststoffe zum Quellen Flüssigkeit brauchen, sonst wirken sie sogar stopfend.

Bei Neigung zu Harnwegsinfekten ist eine tägliche Flüssigkeitszufuhr nicht unter 2 Litern ratsam. Die reichliche Urinbildung zur Durchspülung der Harnwege (Nierenbecken, Harnleiter, Harnblase und Harnröhre) ist die Grundlage der Behandlung. Dabei sind sogenannte Nieren- und Blasentees, die Heilpflanzen mit Krampf lindernder und Bakterien abtötender Wirkung enthalten, von besonderem Vorteil und nicht nur zur Behandlung, sondern auch zur Vorbeugung nützlich.

Verdauung – Weg der Nahrung im Körper

Die Verdauung beginnt bereits im Mund: Hier entsteht der Speisebrei durch Zerkleinerung der Nahrungsbrocken beim Kauen und Mischung mit dem Speichel. Dieser enthält ein Enzym, das Kohlenhydrate aufspaltet, sowie Schleim, der den Speisebrei gleitfähig macht. Intensives Kauen erleichtert die weitere Verdauung und Gewinnung der Nährstoffe. Ist die Schluckfunktion beeinträchtigt, müssen die Speisen besonders gut gekaut werden.

Beim Schlucken schließt der Kehldeckel die Luftröhre ab. Gerät aus Versehen Speisebrei in die Luftröhre, wird ein heftiger Hustenreflex ausgelöst. Wenn man nach dem Schlucken öfter husten muss, besteht der Verdacht auf eine Schluckstörung (Dysphagie). Bei fortgeschrittener MS sind Dysphagien nicht selten. Diese können dazu führen, dass Speisen in die Luftwege und in die Lunge gelangen, dann spricht man von einer Aspiration. Aspirationen können zu Lungenentzündungen führen, deshalb muss immer dann, wenn ein MS-Betroffener eine Lungenentzündung hat, nach Aspirationen gefahndet werden. Durch das Erlernen von speziellen Schlucktechniken können Schluckstörungen oft gebessert werden.

Die Speiseröhre transportiert den Speisebrei durch wellenförmiges Zusammenziehen ihrer Ringmuskulatur (Peristaltik) aktiv in den Magen. Der Magen durchmischt den Nahrungsbrei mit dem Magensaft, der Enzyme, Magensäure und Schleim enthält. Die Magensäure tötet Bakterien ab und bewirkt, dass das Nahrungseiweiß gerinnt. Die Enzyme leiten den Eiweißabbau ein. Schließlich entleert der Magen den Speisebrei in kleinen Portionen in den Zwölffingerdarm, den ersten Abschnitt des Dünndarms. Hier kommen das Sekret der Bauchspeicheldrüse und der Galle an. Die Galle erleichtert die Fettverdauung. Die drei Nährstoffe werden nun so vollständig aufgespalten, dass sie im weiteren Dünndarm in die Blut- und Lymphbahn aufgenommen werden können.

Nach langer Wanderung durch den Dünndarm gelangt der Speisebrei in den Dickdarm. Dort werden ihm Wasser und mit dem Wasser Mineralien und Vitamine entzogen. Eine Resorption von Nährstoffen findet hier kaum noch statt. Der Dickdarm hat eine dichte, nützliche Bakterienbesiedlung (Darmflora), die manche Nahrungsbestandteile weiter abbaut. Diese nützliche Darmflora im Mastdarm, dem letzten Dickdarm-Abschnitt, kann die eingedickten, unverdauten Nahrungsreste als Stuhl sammeln.

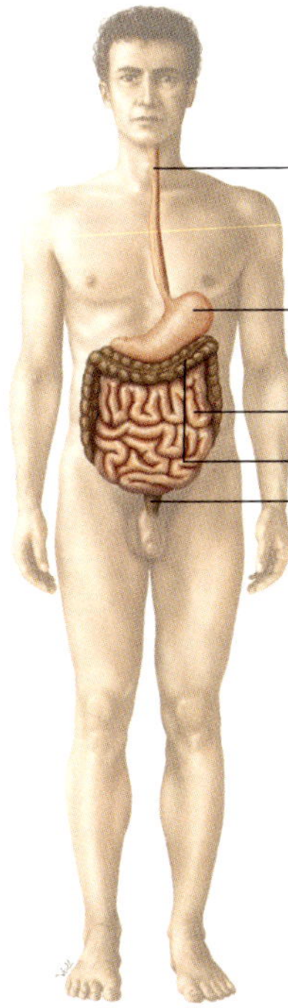

Bewegung – (k)ein Problem?

Jeder Mensch, der dazu in der Lage ist, sollte täglich ein gewisses Maß an Bewegung einhalten. Nur so bleiben Muskeln, Bänder und Gewebe geschmeidig. Körperliche Aktivität, in Maßen und nach den eigenen Möglichkeiten betrieben, steigert das Wohlbefinden und die Zufriedenheit und beeinflusst Immunsystem, Lunge, Herz und Kreislauf günstig.
Möglicherweise hat Bewegung im Freien eine vorbeugende Wirkung bezüglich der Multiplen Sklerose. Jedenfalls erkrankten nach einer epidemiologischen Studie Menschen, die nördlich des Polarkreises aufwuchsen, seltener an einer Multiplen Sklerose, wenn sie als Kinder und Jugendliche im Sommer viel im Freien aktiv waren.
Körperliche Aktivität, die auf die Erkrankungssituation der einzelnen Patienten abgestimmt ist, verbessert nach dem Ergebnis aktueller Studien nicht nur die Herz- und Lungenfunktion, sondern auch die Fatigue (siehe S. 50/51) und darüber hinaus die Lebensqualität.
Die eigentliche Entdeckung des letzten Jahrzehnts besteht aber darin, dass körperliche Aktivität die Bildung neuer Nervenverbindungen im Gehirn anregt. Diese Förderung der sogenannten neuronalen Plastizität hilft bei Multipler Sklerose, die Krankheitsfolgen von Entzündungsherden zu verringern. Körperliche Aktivität unterstützt Reparatur- und Anpassungsprozesse im Gehirn. Dies wirkt sich u. a. auf geistige Fähigkeiten wie Aufmerksamkeit und Gedächtnis und auf psychische Stimmungen positiv aus. Körperliches Training hilft Gesunden wie Kranken, neue Ressourcen im Gehirn zu erschließen!

Energieverbrauch bei verschiedenen Aktivitäten

Tätigkeit	Kalorienverbrauch pro Minute	Kalorienverbrauch pro Stunde
Liegen, Auto fahren	1 kcal	60 kcal
Stehen, Bügeln	1,2 kcal	70 – 80 kcal
Gehen, Einkaufen, Tischtennis spielen	2,5 – 5 kcal	150 – 300 kcal
Laufen (Joggen), Tanzen, Fahrrad fahren	5 – 8 kcal	300 – 600 kcal
Bergwandern, Schwimmen, Fußball	7,5 – 10 kcal	450 – 600 kcal

Mehr Fitness und weniger Erschöpfung

Eine Reihe von Studien und eine kürzliche Metaanalyse haben den günstigen Einfluss regelmäßiger körperlicher Aktivität bei Multipler Sklerose auf die Fitness, Gehfähigkeit, Fatigue und Lebensqualität gezeigt. Da körperliche Aktivität mit hoher Wahrscheinlichkeit Reparatur- und Anpassungsprozesse im Gehirn unterstützt, gilt sie heute als ein wesentlicher Bestandteil der Multiple-Sklerose-Behandlung. Fast jeder Patient kann körperlich aktiv werden, es müssen nur die individuell geeigneten Wege und Möglichkeiten gesucht werden.

Eine Tafel Schokolade (100 Gramm) hat 530 kcal. Um diese Energiemenge zu verbrauchen, müsste man

- 2 bis 3 Stunden spazieren gehen oder
- 1 Stunde und 30 Minuten schwimmen oder
- 1 Stunde und 20 Minuten Fahrrad fahren oder
- 45 Minuten joggen.

Zu viele oder zu wenige Pfunde

Wie ein beträchtlicher Teil der Gesunden kämpfen auch viele Patienten mit Multipler Sklerose mit ihren Pfunden. Das Abnehmen fällt schwer, und das dauerhafte Halten einer erreichten Gewichtsabnahme gelingt oft nicht. Die folgenden Tipps, wie Sie ohne Hungerkur auf natürliche Weise abnehmen und Ihr Gewicht danach auch halten können, sind vielleicht einen erneuten Versuch wert. Andere Menschen und auch einige Patienten mit Multipler Sklerose haben mit ihrem Körpergewicht genau das umgekehrte Problem und möchten gern ein paar Pfund zulegen. Auch für Sie folgen ein paar Tipps.

Was tun bei Übergewicht?

Passt man seine Ernährungsgewohnheiten der eigenen körperlichen Leistung nicht an und isst zu viel, speichert der Körper die überschüssige Energie in Form von Fettpölsterchen. Bei eingeschränkter Muskelaktivität fällt aber nicht nur das Zunehmen leichter, sondern auch das Abnehmen schwerer. Wer wenig Energie über die Muskeln verbraucht, muss sich schon ganz schön »am Riemen reißen«, um überhaupt abzunehmen. Was tun?

Zuallererst sollte man sich darüber klar werden, dass alle Versuche, innerhalb kurzer Zeit abzunehmen, zum Scheitern verurteilt sind. Eine Extremdiät mit stark eingeschränkter Kalorienzufuhr (im Extremfall als Nulldiät) führt meistens nur zu schnellem Abbruch, neuem Frust und gesundheitlichen Schäden. Doch sogar wenn sie eine Zeitlang funktioniert, wird das Abnehmen zunehmend schwerer, weil der Körper sich auf die neue Situation (eine Art Hungersnot) einstellt und seinen Energieverbrauch auf Notaggregat reduziert. Dann wird das Abnehmen erst richtig schwer.

Übergewicht belastet Gelenke und Bänder und führt bei Anstrengungen schneller zur Erschöpfung. Übergewicht ist ein Risikofaktor u. a. für Herz- und Kreislaufkrankheiten inklusive Bluthochdruck, für Diabetes und Gallensteine. Notwendige operative Eingriffe sind bei (hohem) Übergewicht riskanter als bei Normalgewicht. Der Alltag wird durch Übergewicht stark belastet, nicht nur durch mitleidige oder abschätzige Blicke, sondern auch durch Knieschmerzen, Schweißausbrüche, Kurzatmigkeit usw.

Wer infolge der Multiplen Sklerose unter erhöhter Erschöpfbarkeit leidet, würde auf die zusätzliche Belastung durch Übergewicht sicher gern verzichten. Möglicherweise bessert eine Gewichtsabnahme auch die Fatigue.

MEHR WISSEN

Wie hoch ist Ihr BMI?

Zur Beurteilung des Körpergewichts wird heute meistens der Body-Mass-Index (BMI) verwendet. Er lässt sich mit der folgenden einfachen Formel berechnen:

$$\text{BMI} = \frac{\text{Gewicht in kg}}{(\text{Körpergröße in Metern}) \times (\text{Körpergröße in Metern})}$$

Rechenbeispiel: Wenn jemand 80 kg wiegt und 1,70 Meter groß ist, hat er einen BMI von $80/(1{,}70 \times 1{,}70) = 80/2{,}89 = 27{,}68$ und damit leichtes Übergewicht.

Oft wird argumentiert, dass ein starker Wille ausreichend ist, um abzunehmen, dass man sich nur beherrschen müsse. Auch das ist bei der MS komplizierter. Bei der MS kommt es wahrscheinlich zu Störungen des Essverhaltens, wenn die dafür zuständigen Hirnareale durch MS-Herde oder Entzündungsstoffe gestört werden. Im Gehirn gibt es nämlich Zentren, die für das Hunger- und Sättigungsgefühl und somit für die Steuerung der Nahrungsaufnahme verantwortlich sind. Sie liegen im Hypothalamus, oberhalb der Hirnanhangdrüse, der sogenannten Hypophyse. Auch mit dem Immunsystem hat der Hypothalamus eine Wechselwirkung. Hormonelle Störungen können dazu führen, dass man keinen Hunger hat und so an Gewicht abnimmt. Allerdings ist es noch nicht möglich, diese Hormone therapeutisch einzusetzen. Aber das oft z. B. zur Therapie akuter Schübe eingesetzte Kortison führt auch über die Steuerung im Hypothalamus zu vermehrter Nahrungsaufnahme.

Die überflüssigen Pfunde loswerden

Wer dauerhaft abnehmen will, sollte seine Ernährungsgewohnheiten auch dauerhaft ändern und – wenn möglich – seine körperliche Aktivität erhöhen. Die Zauberformel lautet: Energiezufuhr vermindern *und* Energieverbrauch steigern. Alle Diäten, die nicht zu einer langfristigen Umstellung der Ernährungsgewohnheiten führen, versagen früher oder später.

TIPP

Wer wirklich abnehmen will, sollte sich Zeit dafür lassen. Eine Gewichtsabnahme von 1 bis 2 Kilo pro Monat ist vollkommen in Ordnung.

Beachten Sie bitte vorab, dass hier nur eine kleine Auswahl der zahllosen Diäten vorgestellt wird, die zum Abnehmen erdacht wurden und ständig in neuen Varianten die Frauenzeitschriften füllen. Dazu ist zu sagen, dass das Abnehmen von der Theorie der Ernährung her einfach ist, sodass einige Diätbeispiele ausreichen, um das Prinzip zu verstehen. Hinzu kommt, dass viele Diäten (auch hochgejubelte) keinen Pfifferling wert sind.

Ein anderer Punkt ist aber wichtiger: In diesem Abschnitt geht es *nicht* um Multiple-Sklerose-Diäten, also um Kostformen, die den Krankheitsverlauf bei Multipler Sklerose günstig beeinflussen sollen. Die MS-Diäten werden in einem eigenen Abschnitt (siehe S. 54 ff) vorgestellt und

Einteilung des Körpergewichts

	BMI (Frauen)	BMI (Männer)
Untergewicht	unter 19	unter 20
Normalgewicht	19–23,9	20–24,9
leichtes Übergewicht (Adipositas Grad I)	24–29,9	25–29,9
deutliches Übergewicht (Adipositas Grad II)	30–39,9	30–39,9
starkes Übergewicht (Adipositas Grad III)	über 40	über 40

bewertet. Achten Sie aber, wenn Sie sich für die eine oder andere Variante des Abnehmens entscheiden, auf jeden Fall darauf, dass Sie die Ernährungstipps aus dem Eingangskapitel in Ihrer Diät berücksichtigen! Das ist nicht schwer, da die Prinzipien einer gesunden, ausgewogenen Kost natürlich auch für Diäten zum Abnehmen (Reduktionsdiäten) gelten. Auch die speziellen Empfehlungen zur Ernährung bei Multipler Sklerose, z. B. zu den Nahrungsfetten (siehe S. 16) und zur Vitaminzufuhr (siehe S. 24), lassen sich komplett im Rahmen von Reduktionsdiäten berücksichtigen.

Energiereduzierte Mischkost

Nach dem bekannten Prinzip FDH (»Friss die Hälfte!«) wird hier die Nahrungs- und damit die Kalorienmenge bei ansonsten weitgehend unveränderter Ernährung reduziert (halbiert). Der Körper holt sich die fehlenden Kalorien aus dem Fettgewebe, Fett wird abgebaut und das Körpergewicht fällt. Ganz freiwillig baut der Körper seine Fettreserven allerdings nicht ab. Meist stellen sich bei dieser Vorgehensweise Hungergefühl, Verstimmung und Reizbarkeit ein. Hat man jedoch einige Monate durchgehalten, kann man auf diese Weise durchaus zehn und mehr Kilos loswerden.

Von allem, was man bisher gegessen hat, genau die Hälfte zu essen, ist aber nur dann eine gute Idee, wenn es sich um die Hälfte einer ausgewogenen Kost handelt, die eine Überversorgung an Nährstoffen (Kalorien) und essenziellen Nahrungsbestandteilen geliefert hat. Die halbe Portion einer schlechten Ernährung bringt dagegen allenfalls den Vorteil einer geringeren Energiezufuhr.

Der nachhaltige Effekt auf das Gewicht und die Gesundheit ist viel größer, wenn die FDH-Maßnahme von einer neuen, bewussten Nahrungsauswahl begleitet wird. Wenn Sie

- süße Kohlenhydrate,
- Weißmehl und
- tierische Fette

weitgehend weglassen und sich in Zukunft mehr von

- Gemüse, Obst,
- Vollkornprodukten,
- Pflanzenöl und
- Meeresfisch

ernähren – *und* sich zusätzlich mehr bewegen. Eine solche Art der Gewichtsreduktion ist wahrscheinlich die natürlichste und sinnvollste. Das meist vorhandene leichte Hungergefühl macht eine solche Diät allerdings nicht ganz einfach. Daher sind einige Tricks, um schneller satt zu werden und länger satt zu bleiben, ganz nützlich.

Besonders die Reduktion von Nahrungsmitteln mit hohem glykämischen Index ist wichtig. Diese setzen nämlich sehr schnell Insulin im Körper frei, das benötigt wird, um die hohen Blutzuckerspiegel wieder zu senken. Der dann niedrigere Zuckerspiegel löst Hungergefühl aus, und dann ist es oft kaum mehr möglich, sich zu beherrschen.

Schneller satt werden und länger satt bleiben

Ob man sich satt fühlt, hängt nicht allein vom Energiegehalt der Nahrung ab. Nach einer kalorienarmen Mahlzeit kann man genauso satt sein wie nach einer kalorienreichen.

- Das Sättigungsgefühl nach Aufnahme von komplexen Kohlenhydraten (Stärke: Brot, Nudeln, Reis) in ballaststoffreichen Lebensmitteln hält bis zu sechs Stunden lang an. Süße Kohlenhydrate (Zucker) vermitteln dagegen nur ein kurzzeitiges Sättigungsgefühl.
- Durch den Verzehr ballaststoffreicher Nahrung ist man länger mit dem Essen beschäftigt (gründlicheres Kauen) und nimmt mehr Volumen zu sich – der Bauch ist angenehm gefüllt. Dabei tritt das Sättigungsgefühl eher ein und hält länger an.
- Kalorienfreie Getränke wie Mineralwasser füllen den Magen.
- Salat als Vorspeise lässt erste Hungergefühle verschwinden, bevor die kalorienreichere Hauptspeise auf den Tisch kommt.
- In Ruhe zu essen erhöht die Chance, das Sättigungsgefühl wahrzunehmen.

Fett: die Menge entscheidet

Die Menge und Qualität der versteckten Fette sollte Ihnen Sorge bereiten und nicht die 20 Gramm Margarine auf dem Brot. Achten Sie eher auf versteckte Fettfallen!

Kalorien sind nicht gleich Kalorien

Für die Kalorien von 1 Tafel Vollmilchschokolade (540 kcal) können Sie eine bunte Obstplatte kreieren, die nur Spuren von Fett enthält: 1 Apfel + 1 Banane + 1 Birne + 2 Kiwis + 1 Orange + 1 Pfirsich + 150 Gramm Weintrauben.

So viel Fett und Kalorien enthält ...

Lebensmittel	Kalorien in kcal	Fett in g
1 EL Schlagsahne, flüssig (15 g)	45	5
1 EL Crème fraîche (15 g)	45	4
1 Portion Doppelrahmfrischkäse (15 g)	45	4
1 EL Parmesan, gerieben (20 g)	70	5
100 g Salami	370	35
100 g Camembert (60 % Fett i. Tr.)	360	33
100 g Gruyère (45 % Fett i. Tr.)	410	32
1 Tafel Vollmilchschokolade (100 g)	540	32
1 Snickers (60 g)	310	17
1 Twix (2 Riegel à 29 g)	280	14
1 Magnum classic	290	19
1 Tüte Kartoffelchips (200 g)	1080	80
1 Dose Erdnüsse (200 g)	1160	100

Übersicht der Diäten

Nulldiät oder totales Fasten

Von Nulldiät und drastischen Abmagerungskuren haben wir Ihnen schon abgeraten. Sogar wenn Sie die Tortur eine Weile durchhalten, nehmen Sie das abgenommene Gewicht hinterher schnell wieder zu (der bekannte Jojo-Effekt). Der Körper hat sich nämlich auf einen niedrigeren Grundumsatz eingestellt, sodass nun wirklich alles »ansetzt«. Nulldiät führt überdies zu einem Mangel an essenziellen Nährstoffen, der sich z. B. als Eiweißabbau aus der Muskulatur bemerkbar macht. Von dieser Art der Gewichtsreduktion ist abzuraten.

Modifiziertes Fasten

Im Prinzip wird bei dieser Diätform das radikale Fasten mit einem eiweiß- und zuckerhaltigen Getränk kombiniert, um den Muskelabbau und eine Unterzuckerung zu vermeiden. Die tägliche Energiezufuhr liegt bei 400 bis 600 kcal. Auch hier tritt der Jojo-Effekt mit hoher Wahrscheinlichkeit ein, also raten wir davon ab.

Fettreduzierte Lebensmittel

Was etwas fetter zubereitet wird, schmeckt oft intensiver und besser. Das liegt u. a. daran, dass viele Geschmacksstoffe fettlöslich sind. Nicht nur Pommes frites, Haxe und Bratwurst, auch Eis, Schokolade und Torte usw. Vieles, was gut schmeckt, enthält reichlich Fett. Gerade die Kombination »Fett plus Zucker« lässt die Fettpolster üppig gedeihen, da die Fettaufnahme durch Insulin verbessert wird, das der Körper bei steigendem Blutzuckerspiegel ausschüttet.

Da Fett nun einmal bei gleicher Menge doppelt so viele Kalorien wie Kohlenhydrate oder Eiweiße hat, liegt es nahe, beim Abnehmen auf fettarme und fettreduzierte Fertiglebensmittel zurückzugreifen. Ohne diese Maßnahme wird das Abnehmen kaum gelingen. Achten Sie daher beim Einkaufen auf fettreduzierte Milch und Milchprodukte, mageres Fleisch und magere Wurstsorten. Machen Sie sich klar, dass es hier keinen Weg zurück gibt: einmal fettreduziert, immer fettreduziert, denn sonst sind Sie bald wieder mit dem Gewicht genau dort, wo Sie herkamen.

TIPP

Essen Sie – auch wenn Sie Fett reduzieren – immer ausreichend Omega-3-Fettsäuren (aus Fischöl und Pflanzenölen)! Dies setzt eine weitgehende Reduktion tierischer Nahrungsfette voraus.

Lowcarb-Diäten

Man darf bei diesen Diäten, die als »Atkins-Diät« oder »Punkte-Diät« bekannt wurden, praktisch so viel Fett und Eiweiß essen, wie man möchte, muss den Kohlenhydratanteil der Nahrung aber stark reduzieren (low carbohydrate = wenig Kohlenhydrate). Solche Diäten haben einen guten Sättigungseffekt. Die kurzfristige Gewichtsabnahme kann recht erfreulich sein. Allerdings ist die vermehrte Fettzufuhr, insbesondere von tierischen Fetten, bei Multipler Sklerose nicht wünschenswert. Da diese Kostform außerdem ballaststoffarm ist, kann sie leicht zu Verstopfung führen. Ein weiterer entscheidender Nachteil: erhöhte Blutfettwerte und Harnsäurewerte.

Eiweißreiche Kostformen

Da Eiweiß für seinen Abbau einen Teil der Energie verbraucht, die es dem Körper zuführt, wurden immer wieder eiweißreiche Diäten propagiert: Die Eier-Kur, Mayo-Kur, Banting-Diät oder die Kuhnsche-Kur mit Seefisch beruhen auf diesem Prinzip. Da diese Diäten den Kohlenhydratgehalt der Nahrung deutlich vermindern, nimmt man ab. Für Leber-, Gallen- und Nierenkranke sind diese Diäten völlig ungeeignet. Bei Multipler Sklerose kann eine solch einseitige Ernährung ebenfalls nicht empfohlen werden.

Austausch von Nahrungsfetten durch Fettersatzstoffe

Es klingt wie im Märchen: fett essen ohne dabei zuzunehmen. Fettersatzstoffe, die das gleiche Geschmackserlebnis wie Nahrungsfette bieten, aber nicht aus dem Darm resorbiert werden, sollen dies ermöglichen. Bisher jedoch sind Fettersatzstoffe wie Olestra wegen ihrer Nebenwirkungen (u. a. Darmkrämpfe, Durchfall, Stuhlinkontinenz) in der Europäischen Union noch nicht zugelassen. Bereits in Lebensmitteln enthalten sind dagegen Fettaustauschstoffe auf Stärkebasis wie Carrageen, Maltrin oder Inulin und der Fettaustauschstoff auf Eiweißbasis Simplesse. Zurzeit ist es aber noch schwierig, eine gesunde, ausgewogene Kost aus Fertiglebensmitteln mit diesen Austauschstoffen aufzubauen.

Verstärkung des Sättigungsgefühles durch Quellmittel

Kollagen ist ein Eiweiß, das nur bei Menschen und Tieren vorkommt, und zwar vor allem in Sehnen, Bändern und der Haut. Entsprechend aufgearbeitet hat es eine immense Quellfähigkeit und kann bis zum 18-Fachen seines Volumens aufquellen. Unter dem Namen Maticur® ist es frei verkäuflich. Zwei bis drei Tabletten müssen eine halbe Stunde vor dem Essen zusammen mit ca. 300 bis 400 Milliliter Wasser geschluckt werden. Im Magen quillt das Eiweiß auf, und es entsteht ein Sättigungsgefühl ähnlich dem eines gut gefüllten Magens. Nach einigen Stunden wird es durch die Verdauungssäfte aufgelöst. Es enthält selbst kaum Kalorien und ist sehr gut verträglich, aber auch sehr teuer. Wenn man bedenkt, dass man den Magen auch anders »dehnen« kann, z. B. durch Salate und andere ballaststoffreiche und kalorienarme Lebensmittel, muss man sich fragen, ob das Geld nicht anders besser angelegt ist.

Anti-Fett-Pille

Die Anti-Fett-Pille Xenical®, die auf dem Wirkstoff Orlistat beruht, hemmt Fett spaltende Enzyme (Lipasen) im Verdauungstrakt und vermindert so die Fettaufnahme um rund ein Drittel. Das vom Körper verschmähte Fett wird mit dem Stuhl ausgeschieden. Das Medikament wird zum Abnehmen nur in Kombination mit einer Diät empfohlen. In einer Studie nahmen 68 Prozent der übergewichtigen Patienten mit Xenical® plus Diät und 49 Prozent mit Diät allein ab. Doch Xenical® hat Nebenwirkungen wie Bauchschmerzen, Stuhldrang und Blähungen mit Stuhlabgang. Außerdem sinkt der Spiegel an fettlöslichen Vitaminen. Sicherlich wird auch die Verwertung der Nahrungsfette, die Omega-3-Fettsäuren enthalten, durch dieses Medikament beeinträchtigt. Warum sollte man sich diesen Risiken und Nachteilen aussetzen, wenn das Abnehmen auch mit der richtigen Ernährung (plus mehr Bewegung) gelingt?

Verstärktes Sättigungsgefühl durch Medikamente

Sibutramin (Handelsname »Reductil®«) ist ein Wirkstoff, der das Sättigungsgefühl im Gehirn (Hypothalamus) verstärkt und so zur Verminderung der Nahrungsaufnahme führt. Er gehört zur Gruppe der Serotonin-Wiederaufnahmehemmer. Den besten Abnehmerfolg hatten Programme, bei denen Sibutramin mit einer Diät und Verhaltenstherapie kombiniert wurde. Nach Abschluss der medikamentösen Therapie kam es aber oft zur erneuten Gewichtszunahme. Zudem führt Sibutramin zum Anstieg der Herzfrequenz und des Blutdrucks. Dass der Einfluss des Medikaments auf die Multiple Sklerose noch nicht untersucht wurde, ist ein weiteres Argument, von seiner Anwendung abzuraten.

Abnehmen durch Medikamente, die dem Körper Stress signalisieren

Wenn ein Tier oder Mensch Stress hat, z. B. weil es von einem Raubtier verfolgt wird, dann wird ein Teil des Nervensystems aktiviert, das sogenannte sympathische Nervensystem, das den Körper auf Verteidigung, Flucht, Kampf einstellt. Es ist gut verständlich, dass einem in einer solchen Situation der Appetit vergeht. Verschiedene Medikamente, die das sympathische Nervensystem stimulieren, werden zur Appetitverminderung angeboten. Auch die Wirkstoffe von Coca-Blättern und vom Khat-Baum wirken als Appetitzügler. Nebenwirkungen treten allerdings sehr häufig auf, so. z. B. innere Unruhe, Nervosität, Herzjagen, Steigerung von Blutdruck und Herzfrequenz. Selten kommt es zu pektanginösen Beschwerden und sogar Durchblutungsstörungen des Herzens. Diese Substanzen haben ein Suchtpotenzial, können zu Missbrauch und Abhängigkeit führen. Also: Finger weg davon!

Verstärkung des Sättigungsgefühles durch einen Ballon im Magen

Ein Kunststoff-/Silikonballon wird bei einer Magenspiegelung in den Magen gebracht und dann dort mit einer wässrigen Lösung gefüllt. Der Ballon schwimmt frei im Magen. Durch den Magenballon füllt sich der Magen bei der Nahrungsaufnahme schneller. Es wird ein Sättigungsgefühl erzeugt. Als Nebenwirkungen treten Übelkeit und Druckgeschwüre auf. So ein Ballon bleibt für 3 bis 6 Monate im Magen. Danach ist es aber nicht einfacher, weniger zu essen: Das Sättigungsgefühl kommt später, der Magen ist vielleicht sogar größer als vorher, und man kann die verlorenen Pfunde sehr schnell wieder zugelegt haben. Also muss man die Ernährung auch nach dem Magenballon umstellen. Wenn man das tut, erreicht man eine Gewichtsreduktion auch ohne Ballon.

Chirurgische Möglichkeiten der Gewichtsreduktion

Es werden zwei operative Vorgehensweisen unterschieden:

- direkte Reduktion des Körperfetts (z. B. durch Fettabsaugen)
- Eingriffe am Magen-Darm-Trakt, die die Kalorienaufnahme reduzieren (restriktiv, restriktiv-malabsorptiv und malabsorptiv)

Es ist möglich, Fett abzusaugen. Dieser Eingriff hat aber (gerade bei Betroffenen, die öfter Kortison oder eine immununterdrückende Therapie bekommen) auch das Risiko von Komplikationen. Wir raten davon ab.

Es gibt darüber hinaus noch eingreifendere Operationen, die zur Gewichtsreduktion führen. Vorweg sei gesagt, dass diese Operationen ein recht hohes Risiko für Komplikationen haben und allenfalls als letzter Ausweg infrage kommen, wenn alle anderen Maßnahmen versagt haben.

Diese Operationen kann man in zwei Gruppen einteilen: Solche, die dazu führen, dass die Nahrung schlechter verwertet werden kann, und solche, die den Magen verkleinern. Vereinfacht gesagt wird bei den Verfahren, die zu einer schlechteren Nährstoffaufnahme führen, ein Stück des Dünndarmes entfernt und oft auch noch ein Teil des Magens. Typische Langzeitprobleme, die bei bis zu 50 Prozent der Patienten auftreten, sind neben Unterzuckerungen das Dumping-Syndrom. So wird die Sturzentleerung fester oder flüssiger Nahrung bezeichnet. Das Wort Dumping kommt aus dem Englischen und bedeutet »plumpsen«.

Das Syndrom äußert sich dadurch, dass die Betroffenen unter Schweißausbrüchen, Übelkeit, Erbrechen, Stuhldrang leiden. Da die Inhaltsstoffe der Nahrung nach einer solchen Operation viel schlechter aufgenommen werden können und auch durch das oft auftretende Erbrechen Nährstoffe verloren gehen, ist mit Mangelerscheinungen zu rechnen. Von einer solchen Operation ist abzuraten, obwohl die Ergebnisse bezüglich der Gewichtsreduktion sehr gut sind.

Bei der zweiten Gruppe von Operationen wird die Speicherkapazität des Magens vermindert, sodass sich schneller ein Sättigungsgefühl einstellt. Dies kann dadurch erreicht werden, dass vereinfacht gesagt ein Band um den Magen gelegt wird. Außer dem Sättigungsgefühl treten oft Übelkeit und Erbrechen auf. Auch diese Operation birgt nicht wenige Risiken, weshalb auch davon eher abzuraten ist.

Wichtig: Voraussetzung für solche chirurgischen Eingriffe am Magen-Darm-Trakt ist ein BMI von über 40 (bzw. über 35 bei Begleiterkrankungen wie Diabetes mellitus, Gelenkerkrankungen, Schlafapnoe usw.) und der Nachweis über das Ausschöpfen konservativer Methoden zur Gewichtsreduktion (Diäten, Ernährungs- und Verhaltenstherapien).

Untergewicht: so nehmen Sie zu

Wer essen kann, was er will, dabei aber »nichts auf die Rippen kriegt«, hat Glück, solange dabei ein annähernd normales Gewicht herauskommt. Normalgewicht bedeutet, dass der BMI bei Frauen über 19 und bei Männern über 20 liegen sollte. Alles, was darunter liegt, ist der Definition nach Untergewicht. Falls Sie nun als junge Frau beim Nachrechnen einen BMI von – sagen wir einmal – 18,4 ermittelt haben, ist das allein noch nicht weiter dramatisch. Um ein Untergewicht und das damit eventuell verbundene Risiko beurteilen zu können, sollte man die Ursachen kennen und wissen, wie schnell es entstanden ist.

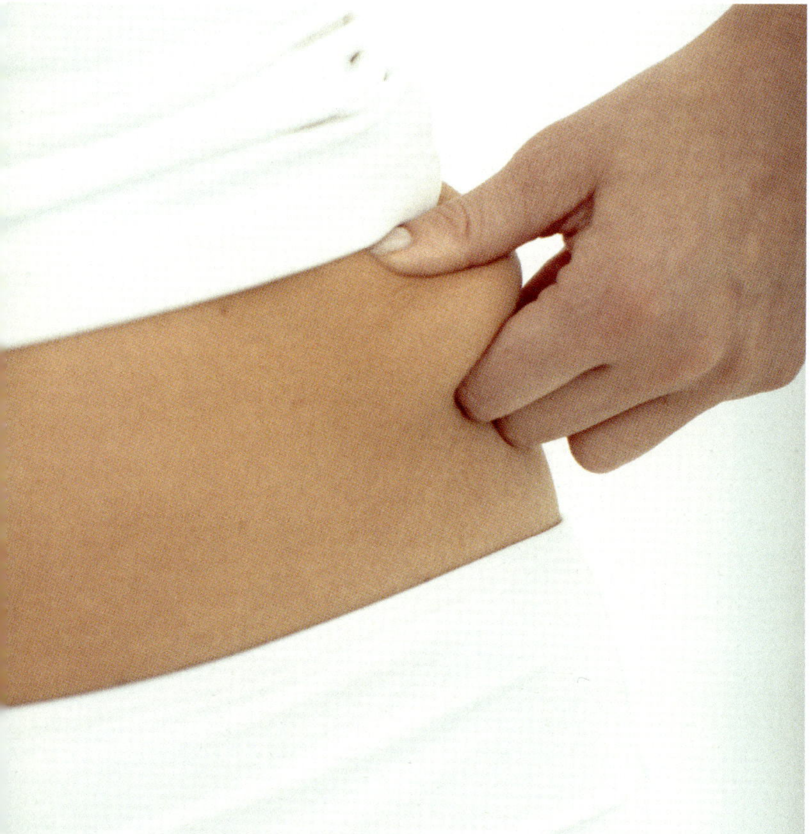

Wer infolge einer chronischen Erkrankung wie Magersucht, Mukoviszidose oder Morbus Crohn untergewichtig ist, benötigt eine spezielle Therapie. Wer dagegen infolge einer Vernachlässigung seiner Ernährung (eventuell im Zusammenhang mit Fatigue) untergewichtig ist, hat gute Chancen, seine Ernährung mithilfe der Rezepte, Empfehlungen und Tipps in diesem Ratgeber so umzustellen, dass Untergewicht und Mangelernährung bald schon Vergangenheit sind.

Grundsätzlich gilt das Gegenteil wie bei Übergewicht: Die Energiezufuhr sollte den täglichen Verbrauch um etwa 20 bis 30 Prozent übersteigen, sodass nach und nach etwas für den Aufbau übrig bleibt. Damit nicht nur Fett aufgebaut wird, ist auch bei Untergewicht körperliche Aktivität ratsam. Den Energieaufwand dafür sollten Sie bei der Ernährung berücksichtigen. Beachten Sie bei der Kostumstellung nicht nur die erhöhte Kalorienzahl, sondern auch die Grundregeln der gesunden, ausgewogenen Ernährung sowie die besonderen Empfehlungen bei Multipler Sklerose:

- Essen und trinken Sie das, wonach es Ihnen gelüstet.
- Essen Sie abwechslungsreich und ohne Zeitdruck.
- Essen Sie regelmäßig und häufig – drei Haupt- und drei Zwischenmahlzeiten.
- Richten Sie Ihre Mahlzeiten appetitlich an und entdecken Sie die Farben- und Geschmacksvielfalt der Lebensmittel.
- Verwenden Sie Kräuter und Gewürze, die appetitanregend wirken z. B. Curry, Ingwer, Pfeffer.
- Trinken Sie neben den Durstlöschern Wasser und Tee zwischen den Mahlzeiten auch mal Obst- oder Gemüsesäfte und Milchmixgetränke.
- Als Zwischenmahlzeiten eignen sich Obst (frisch oder getrocknet), selbstgemixte Smoothies, Früchteriegel, Studentenfutter, Quark-/Joghurtspeisen und Milchreis.

- Achten Sie auf nicht voluminöse Mahlzeiten, denn je größer das Volumen ist, desto schneller sind Sie satt (rohes Gemüse sättigt schneller als gekochtes).
- Wenn Sie Kau- oder Schluckbeschwerden haben, hilft mechanisches Zerkleinern (pürieren, fein reiben, fein raspeln).
- Halten Sie sich täglich draußen auf, frische Luft und Bewegung im möglichen Umfang steigern den Appetit.
- Rühren Sie 2 – 3 EL Schmelzflocken unter Joghurtspeisen oder Smoothies.
- Obstpüree können Sie mit einem Zwiebackbrei anreichern (zwei Zwiebacke zerbröseln und mit heißer Milch übergießen).
- Sollten die Ursachen des Untergewichts Schluckprobleme sein, so sollte nach einer entsprechenden Diagnostik bei einem Therapeuten eine bessere Schlucktechnik erlernt werden. Evtl. müssen Flüssigkeiten angedickt werden.

Oh je, Verstopfung!

Was ist Verstopfung, was ist normal? Die oft geäußerte Meinung »einmal pro Tag muss der Mensch müssen«, stimmt so nicht. Als Faustregel kann gelten: Normal ist so ungefähr jede Stuhlgangfrequenz, die zwischen dreimal pro Woche und dreimal pro Tag liegt. Der Stuhl sollte weich, geformt und leicht absetzbar sein.

Viele Faktoren können zu Darmträgheit und Verstopfung beitragen. Wenig Bewegung und viel Sitzen gehören dazu. Eine Ernährungsweise, die Ballaststoffe ausspart, und eine zu geringe Flüssigkeitsaufnahme sind die wichtigsten Ernährungsfaktoren für schweren Stuhlgang und Verstopfung. Oft kommen mehrere Ursachen zusammen:

- Bewegungsmangel (einer der wichtigsten Faktoren)
- zu geringe Ballaststoffzufuhr
- zu geringe Flüssigkeitszufuhr
- Entzündungsherde in Nervenzentren, die für die Darmsteuerung wichtig sind
- dauerhaft erhöhte Anspannung (Spastik) des analen Schließmuskels
- Medikamente, die die Darmbewegung verlangsamen

Eine dauerhaft erhöhte Anspannung (Spastik) des analen Schließmuskels, die meist zusammen mit einer Spastik der Beine auftritt, verursacht eine Verstopfung. Hierbei kann die Entspannung des Schließmuskels durch Muskel entspannende Medikamente oder durch Einspritzen von Botulinum-Toxin in den Schließmuskel eine Besserung bringen. Zu den Medikamenten, die eine Verstopfung verursachen oder verschlechtern können, zählen Mittel zur Entspannung der Blasenmuskulatur, Schmerzmittel (insbesondere die Opiate), einige Antidepressiva und verschiedene Herz-Kreislauf-Medikamente.

MEHR WISSEN

Bei Verstopfung zum Arzt?

Generell sollte bei hartnäckiger Verstopfung ein Arzt oder eine Ärztin hinzugezogen werden, um die Ursache abzuklären. Dies gilt besonders dann, wenn

- der Stuhlgang sehr unregelmäßig ist,
- sich Verstopfung und Durchfälle ablösen,
- Blut im Stuhl zu sehen ist oder
- die Verstopfung ohne äußeren Grund plötzlich einsetzte.

Bei sehr festem Stuhl oder wenn zum Stuhlgang stark gepresst werden muss, können Hämorrhoiden und Risse in der Schleimhaut des Anus auftreten, die sehr schmerzhaft sein können. Auch in diesen Fällen sollten Sie Ihren Arzt oder Ihre Ärztin aufsuchen.

Abführmittel: nichts für den Dauergebrauch

Ihre Grundmaßnahmen bei Verstopfung bestehen in mehr Bewegung, der Erhöhung des Ballaststoffanteils in der Nahrung und der erhöhten Flüssigkeitszufuhr. Damit lässt sich ein Großteil der Verstopfungen – vor allem wenn sie auf diesen häufigen Risikofaktoren beruhen – beheben. Da diese Grundmaßnahmen nicht immer (komplett) durchführbar sind oder vielleicht auch nicht ausreichen, wenn erkrankungs- und behandlungsbedingte Faktoren eine Verstopfung verursachen, kommen Abführmittel als weitere Maßnahme infrage. Sie sind jedoch eher für den gelegentlichen als für den Dauergebrauch bestimmt, denn sie können bei zu häufiger oder langer Anwendung eine Verstopfung sogar verstärken.

Es werden mehrere Arten von Abführmitteln unterschieden, die in der Folge näher vorgestellt werden. Kombinieren Sie die Anwendung eines Abführmittels immer mit den drei Grundmaßnahmen:

- Bewegung bessert die Stuhlgangsituation auf jeden Fall,
- Ballaststoffe wirken als natürliche Abführmittel und
- die erhöhte Flüssigkeitszufuhr ermöglicht den meisten Abführmitteln überhaupt erst ihre Wirkung.

MEHR WISSEN

Pflanzlich bedeutet nicht gleichzeitig auch sanft

Auch pflanzliche Abführmittel enthalten meist Substanzen, die den Darm reizen und zur Dauertherapie ungeeignet sind. Das Wort »pflanzlich« erweckt manchmal den falschen Eindruck, dass es sich um etwas mild Wirkendes und völlig Unschädliches handelt. In Wahrheit aber haben pflanzliche Wirkstoffe auch Wirkungen und Nebenwirkungen, die sogar recht heftig sein können (Knollenblätterpilz, Schlafmohn, Tabak, Fingerhut usw.).

Stimulierende Mittel

Stimulierende Abführmittel reizen den Darm und veranlassen die Darmmuskulatur, sich häufiger zusammenzuziehen. Die sogenannte Peristaltik des Darmes wird lebhafter. Zudem steigern diese Mittel die Wasserabgabe in den Darm oder verringern die Wasseraufnahme aus dem Darm. Dadurch wird der Stuhl voluminöser und weicher. Diese Abführmittel können schon im Dünndarm wirken, wie z. B. das bekannte Rizinusöl, die meisten sind aber Dickdarm reizende Substanzen.

Bei längerer Einnahme von Schleimhaut reizenden Abführmitteln (auch von pflanzlichen) kann es – durch die verstärkte Ausscheidung dieser Stoffe – zu einer Verarmung des Körpers an Kalium und anderen Mineralstoffen kommen. Dies aber löst wiederum Darmträgheit aus. Wer den Zusammenhang nicht kennt, wird nun vielleicht die Dosis seines Abführmittels erhöhen. So kann ein echter Teufelskreis entstehen. Die längerfristige Anwendung kann außerdem die Darmschleimhaut und das Nervensystem in den Darmwänden schädigen, die für den geordneten Transport des Speisebreis verantwortlich sind. Vermeiden Sie eine längerfristige Einnahme von stimulierenden Abführmitteln.

Gleitmittel

Zu den Gleitmitteln unter den Abführmitteln gehört Paraffinöl. Es ist unverdaulich, wird kaum aus dem Darm aufgenommen und macht den Darminhalt weicher. Da es fettlösliche Vitamine bindet, kann bei längerer Anwendung ein Vitaminmangel entstehen. Außerdem stört es die normalen Verdauungsprozesse. Nicht empfehlenswert!

Osmotische Abführmittel

Osmotische Abführmittel bewirken eine Wasseransammlung im Dickdarm, indem sie eine hohe Konzentration von Salzen (sogenannte salinische Abführmittel) oder Zuckerstoffen im Dickdarm aufbauen, die Wasser anzieht. Dadurch bleibt der Darminhalt weich. Zu den salinischen Abführmitteln gehören das Glaubersalz und das Bittersalz. Auch manches »darmfreundliche« Heilwasser enthält ein solches salinisches Abführmittel in geringer Konzentration. Bei einer Stuhlverhärtung im Enddarm kann die rektale Gabe eines in Wasser gelösten salinischen Abführmittels in Form eines Klistiers sinnvoll sein.

TIPP

Osmotische Abführmittel wirken recht zuverlässig, ihr Langzeitgebrauch ist aber nicht zu empfehlen.

Lactulose ist ein Zucker, der vom Körper nicht aufgenommen und erst im Dickdarm zum Teil gespalten wird. Er bewirkt eine vermehrte Wasseransammlung im Darm, ohne die Schleimhaut direkt zu reizen. Dies macht den Stuhl weicher und voluminöser, was die Muskulatur des Dickdarms anregt und etwa acht bis zwölf Stunden nach der Einnahme zum Stuhlgang führt. In seltenen Fällen kann es auch länger (bis zu drei Tagen) dauern. Der bakterielle Abbau der Lactulose im Dickdarm durch entsprechende Darmbakterien kann Blähungen und dadurch gelegentlich auch Bauchschmerzen hervorrufen.

Quellmittel

Quellmittel sind beispielsweise sogenannte Macrogole, die ähnlich wie Lactulose wirken. Diese großmolekularen Substanzen, die weder im Darm abgebaut noch vom Körper aufgenommen werden, binden Wasser im Dickdarm. Dadurch steigt das Stuhlvolumen und kommt die Vorwärtsbewegung des Stuhls in Gang.

Dies sind im Übrigen genau die Wirkungen, die Sie auch durch eine vermehrte Zufuhr von Ballaststoffen und Flüssigkeit mit der Nahrung erzielen können.

TIPP

Quellmittel sind nur als Nothilfe für kurze Zeit gedacht. Wenn allerdings durch notwendige Medikamente (z. B. durch Blasenmedikamente oder Morphine, die gegen Schmerzen eingenommen werden müssen) der Darm sehr träge wird, dann können Macrogole auch über längere Zeit eingenommen werden.

Medikamente zur Verbesserung der Darmbewegung

Prokinetika sind Medikamente, die die Darmbewegung anregen. Sie werden bei einigen Sonderformen der Magen-Darm-Trägheit oder auch bei Verstopfung unter ärztlicher Aufsicht eingesetzt. Sie können z. B. dann nützlich sein, wenn eine verzögerte Magenentleerung zu Völlegefühl, Übelkeit und Brechreiz führt. Da aber diese häufigen Symptome viele Ursachen haben können, ist immer eine ärztliche Einschätzung notwendig. Möglicherweise lassen sich solche Beschwerden allein schon durch Umstellung der Ernährungsgewohnheiten (z. B. kleinere Mahlzeiten, leicht verdauliche Kost) weitgehend beheben. Immer vor der Einnahme vom Arzt abklären lassen!

Natürliche Hilfe für den Darm

Eine Verstopfung kann durch die richtige Ernährung vermieden oder kuriert werden. Bei länger bestehender Verstopfung oder wenn längere Zeit Abführmittel eingenommen wurden, wird es oft Tage oder Wochen dauern, bis sich die Darmfunktion durch eine Ernährungsumstellung normalisiert hat. Haben Sie etwas Geduld.

Beim Übergang von Abführmitteln auf eine ballaststoffreiche Ernährung können Sie kurzzeitig auch pflanzliche Quellmittel (Weizenkleie, Haferkleie, Leinsamen, indischen Flohsamen) einsetzen. Dazu müssen Sie aber auf jeden Fall viel trinken, da sonst die Verstopfung zunehmen kann.

Bei der Ernährungsumstellung ist die vermehrte Zufuhr von Ballaststoffen entscheidend. Die ballaststoffreiche Kost (vor allem Vollkornprodukte, Gemüse, Obst) verkürzt die Passagezeit im Magen-Darm-Trakt, erhöht das Stuhlgewicht und ergibt eine weichere Stuhlkonsistenz. Denken Sie auch daran, genügend zu trinken (mindestens 2 Liter pro Tag).

Und vergessen Sie nicht: Körperliche Bewegung regt den Darm an. Auch wer im Rollstuhl sitzt, sollte Bewegungsmöglichkeiten nutzen, z. B. mehrmals am Tag im Freistehbarren stehen. Das ist nicht nur gut für die Darmfunktion, sondern stimuliert auch den Knochenaufbau.

Die zehn goldenen Regeln bei Verstopfung

1. Vollkornprodukte bevorzugen.
2. Viel Obst und Gemüse essen, eventuell zusätzlich eingeweichtes Trockenobst (besonders Pflaumen und Feigen).
3. Eventuell milchsaure Lebensmittel (Sauerkraut, Joghurt, Dickmilch, Sauermilch) essen.
4. Viel trinken (mindestens 2 Liter pro Tag).
5. Einen festen Mahlzeitenrhythmus einhalten.
6. Mindestens eine warme Mahlzeit pro Tag in Ruhe einnehmen.
7. Wenig Fleisch, tierische Fette, Weißmehlprodukte und Zucker essen.
8. Einengende Kleidung und einengende Körperhaltung vermeiden.
9. Stuhldrang nicht unterdrücken, Zeit für regelmäßigen Stuhlgang nehmen.
10. Dickdarmmassage (am besten 10 Minuten lang morgens vor dem Aufstehen): Kreisförmiges Massieren der Bauchdecke von rechts unten nach rechts oben, dann nach links oben und links unten (Bewegung im Uhrzeigersinn, dem Verlauf des Dickdarms folgend). Dabei gleichmäßig ein- und ausatmen, das unterstützt die Massage.

Strategien mit Fatigue umzugehen

Schnelle Erschöpfbarkeit (Fatigue) ist ein häufiges Problem bei Multipler Sklerose. Betroffene empfinden die Fatigue oft schlimmer als andere belastende Symptome. Manchmal steht die geistig-seelische Ermüdbarkeit im Vordergrund, Probleme, die auftreten, wenn man sich länger konzentrieren muss, manchmal ist die rasche körperliche Erschöpfung das Hauptproblem. Wenn in diesem Ratgeber behauptet wird, man könne die Fatigue mit optimaler Ernährung und körperlicher Aktivität ein Stück weit in die Schranken weisen, dann hat dies schon seine Berechtigung. Es soll aber nicht der falsche Eindruck entstehen, dass die Fatigue damit allein aus der Welt zu schaffen wäre.

Da die Fatigue oft auch mit bestem Willen, Energie und Ehrgeiz nicht komplett zu überwinden ist, muss die Devise heißen: Ich stelle mich dem Problem und gehe aktiv damit um, versuche die bestmögliche Therapie zu bekommen und mich ansonsten damit zu arrangieren. Einige Faktoren tragen zum Entstehen einer Fatigue maßgeblich bei und bieten möglicherweise einen Ansatz zur Behandlung.

Was zur Fatigue beiträgt und einen Ansatz zur Behandlung liefert

Fatigue allgemein	▪ Schlafqualität ▪ Sauerstoffversorgung (Lungenfunktion, Herz-Kreislauf-Funktion, Blutarmut) ▪ nächtliche Atemaussetzer (»Schlafapnoe-Syndrom«) ▪ Syndrom der unruhigen Beine (Restless-Legs-Syndrom: nächtliche, unwillkürliche und oft unbemerkte Beinbewegungen, die verhindern, dass der Betroffene ausreichend Tiefschlaf erhält) ▪ Gefühl der Kontrolle über die eigene Situation (Selbstwirksamkeit) ▪ Depressionen ▪ Ernährung (Mangelernährung) ▪ körperliche Aktivität (Trainingszustand) ▪ Stress (Symptome der Erkrankung, akute und chronische Belastungen, Schmerzen)
körperliche Fatigue	▪ körperliche Aktivität ▪ körperlicher Trainingszustand ▪ Gefühl der Kontrolle über die eigene Situation ▪ Übergewicht/Untergewicht ▪ häufige Infekte
geistig-seelisch-kognitive Fatigue	▪ Stress ▪ Depressionen ▪ Hilflosigkeitsgefühl ▪ Beziehungsprobleme ▪ zu viel auf einmal zu erledigen ▪ mehrere Tätigkeiten auf einmal (verminderte Fähigkeit zur »geteilten Aufmerksamkeit«) ▪ Gefühl der Kontrolle über die eigene Situation

So schonen Sie Ihre Energie

Einige allgemeine Prinzipien zum schonenden Umgang mit der eigenen Lebensenergie können bei Fatigue hilfreich sein. Wichtig ist, dass Sie ein Gefühl dafür bekommen, was Sie besonders anstrengt und wo Sie möglicherweise Energie einsparen können. Überlegen Sie genau, was täglich an Belastungen anfällt und wie Sie damit so reibungslos wie möglich zurechtkommen.

- Akzeptieren Sie Ihre Leistungsgrenzen: Zwingen Sie sich nicht ständig, diese zu überschreiten. Vertrauen Sie Ihrem Körper (oder lernen Sie, ihm wieder zu vertrauen) und hören Sie auf Ihren Körper.
- Planen Sie im Voraus: Verteilen Sie anstrengende und weniger anstrengende Tätigkeiten in einem Tages- oder Wochenplan so, dass eine gute Balance entsteht.
- Pausen sind zum Ausspannen da: Schaffen Sie eine Balance zwischen Belastung und Entspannung, indem Sie klug verteilte Ruhepausen einplanen. Pause bedeutet entweder nichts tun oder das, wozu Sie Lust haben.
- Ruhen Sie, bevor Sie erschöpft sind: Unterbrechen Sie eine längere Aktivität durch eine kurze Pause von 5 bis 10 Minuten. So können Sie Ihre gesamte Leistungsdauer deutlich steigern.
- Setzen Sie Prioritäten: Lernen Sie, Arbeiten zu delegieren, und lassen Sie sich nicht mehr aufbürden, als Sie ohne Überforderung schaffen können.
- Nehmen Sie sich genügend Zeit für Ihre Mahlzeiten: Die Mahlzeiten sollen Sie stärken, fit und munter machen, aber nicht zusätzlich belasten. Lieber mehrere kleinere Mahlzeiten als große, opulente. Richten Sie sich die Küche so ein, dass Sie mit möglichst geringem Energieaufwand dort arbeiten können.
- Nehmen Sie sich genügend Zeit für körperliche Aktivitäten: Die Zeit, die Sie damit verbringen, ist Ihre Freizeit und dient Ihrer Erholung und Entspannung.
- Prüfen Sie Ihre Schlafqualität: Dabei geht es u. a. um die optimalen Schlafzeiten und das optimale Schlafumfeld (Bett, Schlafzimmer, Ruhe/Lärm).

- Konflikte lösen: Versuchen Sie, dauerhafte Konflikte, die viel Energie kosten, zu lösen oder zu entschärfen.

Mit optimaler Ernährung, aktiver Lebenseinstellung – dazu gehört das Ausleben des Bewegungsdrangs nach Ihren Möglichkeiten und das bewusste Wahrnehmen der eigenen Fähigkeit, mit Problemen und Widerständen zurechtzukommen – und gut geplanter Entspannung können Sie die Fatigue ein gutes Stück in die Schranken weisen.

Wenig Bewegung fördert Osteoporose

Osteoporose, der Knochenabbau, der zu Schmerzen und einem erhöhten Risiko für Knochenbrüche führt, betrifft sehr viele Menschen. Fast jeder hat den einen oder anderen Risikofaktor. Vor allem Frauen nach den Wechseljahren erleiden häufig einen gesundheitlich bedenklichen Verlust an Knochenmasse. Multiple Sklerose kann durch inaktive Lebensweise und durch die Einnahme von Kortison während der Schübe zur Entstehung einer Osteoporose beitragen. Risikofaktoren der Osteoporose, die Sie beeinflussen können, sind:

- dauerhafter Bewegungsmangel (gilt als einer der wichtigsten Risikofaktoren)
- Untergewicht
- Rauchen
- unzureichende Kalziumzufuhr (Mangelernährung)
- unzureichende Vitamin-D-Wirkung (zu geringe Nahrungszufuhr, zu wenig Sonnenlicht)
- Einnahme von Medikamenten, vor allem Kortison (Vor allem sollten Kortison-Langzeittherapien vermieden werden, »kurz und hoch« ist bei der Kortisontherapie der MS besser als »lang und niedrig«.)

Vermeiden Sie Bewegungsmangel, so gut es nur geht: Die Knochenmasse nimmt zwar bei allen Menschen im Laufe des Lebens ab. Der Knochen baut aber umso langsamer ab, je mehr er belastet wird. Deshalb ist es sinnvoll, jeden Tag zu stehen, auch wenn dies am Stehbarren oder Stehpult geschieht.

Dem Knochenabbau können Sie durch eine ausreichende Kalziumzufuhr, gegebenenfalls zusammen mit Vitamin D (siehe S. 30), vorbeugen. Um die empfohlene Tagesmenge von 1000 bis 1500 Milligramm Kalzium zu erreichen, sollten Sie kalziumreiche Lebensmittel (siehe Übersicht) bevorzugen. Die Kalziumzufuhr kann auch durch Tabletten

Kalziumgehalt von Lebensmitteln

Lebensmittel	Kalzium (in mg pro 100 g essbarem Anteil)
Vollmilch, Joghurt, Buttermilch	120
Milch (1,5 % Fett), Joghurt (1,5 % Fett)	123
Buttermilch	110
1 Eidotter, mittelgroß	27
Bergkäse	1100
Schichtkäse, Frischkäse, Quark	75–95
Romadur (20 % Fett i. Tr.)	450
Camembert (30 % Fett i. Tr.)	600
Camembert (45 % Fett i. Tr.)	570
Camembert (60 % Fett i. Tr.)	490
Edamer (30 % Fett i. Tr.)	800
Edamer (45 % Fett i. Tr.)	680
Gouda (40 % Fett i. Tr.)	800
Gruyère	880
Parmesan	1180
Mozzarella	450
Brokkoli	87
Fenchel	109
Grünkohl	212
Petersilienblatt	180
Haferflocken	55
Sesam	785
Amaranth	214
Sonnenblumenkerne	100
Haselnüsse, Mandeln	240

oder Pulver erfolgen. Sprechen Sie mit Ihrem Arzt oder Ihrer Ärztin über eine zusätzliche Kalziumzufuhr. Berücksichtigen Sie aber, dass Kalzium vor allem dann in den Knochen eingebaut wird, wenn die Knochenbildung durch Bewegungsreize angeregt wird.

Die Kalziumaufnahme kann durch andere Inhaltsstoffe verschlechtert werden:
- Oxalate (Spinat, Rhabarber, Kakao, Schokolade)
- Phosphate (Wurstwaren, Schmelzkäse, Cola-Getränke, Softdrinks, E 338 – 341, E 450)

Die Einnahme von Kortison verstärkt den Knochenabbau. Deshalb sollte die Kortisontherapie immer so kurz wie möglich sein. Wenn eine längerfristige Kortison-Behandlung erforderlich ist, hat die Osteoporose-Vorbeugung eine besondere Bedeutung.

Wenn schon eine Verringerung der Knochenmasse bzw. Knochendichte besteht oder der Knochenabbau schon zu einem Knochenbruch geführt hat, muss die zusätzliche Einnahme von Kalzium und Vitamin D ernsthaft erwogen werden. Der Arzt oder die Ärztin können in diesen Fällen weitere Medikamente verordnen, die den Knochenaufbau verbessern.

MS-Diäten – was davon zu halten ist

Eine MS-Diät, die eine Heilung der Multiplen Sklerose bewirkt, gibt es nicht. Dennoch spielt die Ernährung eine bemerkenswerte Rolle bei dieser Erkrankung. Eine unzureichende Ernährung, die zu Mangelzuständen führt, Überernährung und unregelmäßige Nahrungsaufnahme sind allgemein gesundheitswidrige Faktoren, die bei Multipler Sklerose zu einem ungünstigen Verlauf beitragen können. Umgekehrt lässt sich das Krankheitsgeschehen durch eine gesunde, ausgewogene Ernährung (wie sie in diesem Ratgeber beschrieben ist) positiv beeinflussen.

Offenbar besteht ein epidemiologischer Zusammenhang zwischen den Ernährungsgewohnheiten und der Häufigkeit der Multiplen Sklerose. So erkranken Bevölkerungen, die sich vor allem von tierischen Nahrungsmitteln wie Fleisch, Butter und Eigelb ernähren, häufiger als Bevölkerungen, die viel Pflanzenöle und Fisch verwenden.

Hier werden nun einige MS-Diäten kurz vorgestellt und kommentiert. Am Ende des Kapitels werden Sie in der Lage sein, Diäten, die in den Gazetten, im Internet und in therapeutischen Zirkeln herumschwirren, kritisch zu beurteilen. Den Beurteilungsmaßstab kennen Sie schon: Sie müssen die Diäten nur mit der gesunden, ausgewogenen Ernährung und den speziellen Empfehlungen bei Multipler Sklerose vergleichen, wie sie in diesem Ratgeber entwickelt wurden.

Vegetarische Kost

Bei der sogenannten ovo-lakto-vegetarischen Ernährung werden pflanzliche Lebensmittel, Milch(produkte) und Eier verzehrt. Das ist die häufigste Form der vegetarischen Ernährungsweise. Bei der selten praktizierten veganen Kostform kommen ausschließlich pflanzliche Lebensmittel auf den Speiseplan. Während Erstere als Dauerernährung weitgehend unproblematisch und gesund ist, lässt sich die rein pflanzliche Kost nur mit viel Lebensmittelkunde ohne Mangelerscheinungen überstehen. Eine Mangelversorgung ist bei den Vitaminen, Spurenelementen, aber auch den essenziellen Aminosäuren und Fettsäuren zu befürchten.

Dass Zivilisationskrankheiten wie Übergewicht, Bluthochdruck, Diabetes und Gicht bei Vegetariern seltener vorkommen als in der großen Gruppe der sogenannten Mischköstler, ergibt einen klaren Pluspunkt für diese Kostform. Tierische Nahrungsmittel enthalten viel Arachidonsäure und können einen Entzündungsprozess im Körper fördern.

Bei lakto-vegetarischer Ernährung (ohne Eigelb) ist die Arachidonsäure-Zufuhr wesentlich geringer als bei üblicher Mischkost: 50 Milligramm zu 300 Milligramm pro Tag.

Bei lakto-vegetarischer Kost mit einem hohen Anteil an Milch(produkten) ist die Eisenversorgung etwas heikel, da zum einen Fleisch als bester Eisenlieferant entfällt und zum anderen Milch die Eisenaufnahme aus dem Darm behindert. Ausgeglichen wird das durch eine erhöhte Vitamin-C-Zufuhr über Gemüse und Obst.

Dass bei vegetarischer Kost die Versorgung mit Omega-3-Fettsäuren nur auf Pflanzenölen beruht, ist nur ein relativer Minuspunkt, da die Pflanzenöle (Leinsamen-, Hanf-, Walnuss- und Rapsöl) bei richtiger Verwendung ausreichen können. Da auch das Jod aus dem Meeresfisch entfällt, ist ein entsprechender Ersatz durch jodiertes Speisesalz oder Meersalz notwendig.

Diät nach Dr. Fratzer und Dr. Hebener

Die Diät nach Dr. Uwe Fratzer und Dr. Olaf Hebener geht davon aus, dass die Linolsäure-Zufuhr vermindert werden soll, da aus Linolsäure Arachidonsäure entsteht. Neuere Untersuchungen haben jedoch gezeigt, dass Linolsäure beim Menschen nur in geringem Umfang zu Arachidonsäure umgebaut wird. Mehr noch: Die Aufnahme von mehr als 10 Gramm Linolsäure pro Tag führt über eine Enzymhemmung sogar zum Absinken des Arachidonsäure-Spiegels im Blut. Dieser Mechanismus erklärt, warum Vegetarier trotz höherer Linolsäure-Spiegel niedrigere Arachidonsäure-Spiegel aufweisen als diejenigen, die auch Fleisch essen. Allerdings nehmen Vegetarier auch wesentlich weniger Arachidonsäure mit der Nahrung auf. Die Empfehlung, die Linolsäure-Zufuhr auf maximal 1800 Milligramm pro Tag zu beschränken, bringt daher nichts. In klinischen Studien schnitten die Patienten sogar besser ab, die zusätzlich Linolsäure einnahmen.

Weitere Elemente dieser Diät, die auch eine Zufuhr von Omega-3-Fettsäuren sowie Nahrungssupplemente mit antioxidativ wirksamen Vitaminen (Vitamin E) und Spurenelementen (Selen) vorsieht, sind sinnvoll. Die Supplemente müssen allerdings in angemessener Dosierung erfolgen (siehe S. 65). Die Versorgung aus der Nahrung hat Vorrang. Ihr Arzt oder Ihre Ärztin sollten über die Nahrungsergänzung informiert sein. Da Nahrungsergänzungsmittel zu ganz unterschiedlichen Preisen angeboten werden, sollte jeder, der solche Produkte kauft, Preisvergleiche vornehmen.

Diät nach Dr. Swank

Diese Diät verfolgt den Ansatz der positiven Beeinflussung des Krankheitsverlaufs durch Verminderung der Nahrungsfette besonders konsequent. Dr. Roy Swank startete in den 1950er Jahren eine Diätstudie mit MS-Betroffenen und veröffentlichte 1990 Ergebnisse von etwa 150 Patienten mit bis zu 35-jähriger Diätdauer. Allein dies ist schon bemerkenswert. Diejenigen Patienten, die weniger als 20 Gramm Fett pro Tag (dabei handelte es sich nur um tierisches und pflanzliches gesättigtes Fett) verzehrt hatten, hatten weniger Schübe und eine geringere Verschlechterung ihres Gesundheitszustandes erlebt als Patienten, die mehr Fett verzehrt hatten. Zu Beginn der Diät hatten die Patienten im Durchschnitt etwa einen Schub pro Jahr gehabt. Die Patienten, die ihre Diät strikt einhielten, hatten nach 2 Jahren noch durchschnittlich 0,2 Schübe pro Jahr und nach 5 Jahren nur noch 0,1 Schübe pro Jahr.

An dieser Studie muss kritisiert werden, dass sie nicht nach den heute üblichen wissenschaftlichen Standards durchgeführt wurde. Es gab keine echte Kontrollgruppe. Es sind daher Zweifel möglich, ob der gute Krankheitsverlauf auf die Fettreduktion zurückzuführen ist oder ob andere, nicht genügend kontrollierte Einflüsse dazu beigetragen haben. (Wenn dies der Fall ist und die Ergebnisse stimmen, wäre es von höchstem Interesse, mehr über diese Einflüsse zu erfahren!) Dies ist die einzige größere Studie, bei der Betroffene die Ernährung langfristig sehr konsequent umgestellt haben. Da sich die Reduktion tierischer Fette auch bei Rheuma, einer anderen entzündlichen Autoimmunerkrankung, bewährt hat, ist unseres Erachtens die Reduktion tierischer Fette bei der MS wichtiger als die Supplementation mit Nahrungsergänzungsmitteln (obwohl es natürlich viel einfacher ist, etwas zusätzlich zu essen, als die Ernährung konsequent umzustellen).

Dr. Swank fordert in seiner Diät, die Zufuhr tierischer und pflanzlicher gesättigter Fette auf weniger als 20 Gramm pro Tag zu reduzieren. Rechnet man die versteckten Fette mit ein, so soll man am Tag maximal 15 Gramm dieser kritischen Fette konsumieren. Dies entspricht einer Menge von 1½ Esslöffeln bzw. 3 Teelöffeln. Um dies zu erreichen, ist es ratsam, Milch und Milchprodukte mit einem Fettgehalt über 1 Prozent zu meiden. Von den guten Fetten mit einem hohen Gehalt an mehrfach ungesättigten Fettsäuren (z. B. Leinsamen-, Weizenkeim-, Walnuss-, Rapsöl) – auch Dr. Swank favorisiert die Zufuhr von Omega-3-Fettsäuren – sind pro Tag 20 bis 50 Gramm erlaubt. Ein weiterer Bestandteil der Swank-Diät ist ein Nahrungssupplement in Form eines Löffels Lebertran bzw. der darin enthaltenen Fischfette und fettlöslichen Vitamine in anderer Form.

Die Diät nach Dr. Swank ist von der in diesem Ratgeber empfohlenen Kostform nicht weit entfernt. Bei Übergewicht ist die betonte Reduktion der Fettzufuhr besonders zweckmäßig. Sofern einige zusätzliche Elemente (Kohlenhydrate mit geringem glykämischen Index, ausreichende Ballaststoff- und Flüssigkeitszufuhr) beachtet werden, ist die Diät durchaus zu empfehlen.

Evers-Diät

Die Evers-Diät wurde etwa um 1940 entwickelt. Dr. Joseph Evers hatte damals den Eindruck, dass die zunehmend denaturierte (nicht mehr direkt vom Acker, Obstbaum oder aus dem Gemüsegarten stammende, also verarbeitete oder konservierte) Nahrung für die Entstehung der Multiplen Sklerose (mit) verantwortlich ist. Dem ging die Beobachtung voraus, dass die Multiple Sklerose in Bevölkerungen mit hohem Lebensstandard offenbar häufiger auftritt als in naturnah lebenden Völkern. Evers propagierte daher die Abwendung von der denaturierten Ernährungsweise und die Hinwendung zu einer Nahrung im Rohzustand.

Außerdem legte Dr. Evers großen Wert auf eine gesunde, naturnahe Lebensführung. Dazu gehörten der tägliche Aufenthalt an der frischen Luft (Sonnenlicht), ausreichend Bewegung (nach den individuellen Möglichkeiten) und Kneipp-Anwendungen (jeden Morgen eine kalte Abreibung, kalte Dusche, Güsse, Tretbecken).

Die Evers-Diät ist eine rohkostbetonte Variante der laktovegetarischen Kost mit einem geringen Fleischanteil. Vollkorngetreide (Getreidekeimlinge und Vollkornbrot), frisches Gemüse und Obst stehen im Mittelpunkt. Ihr hoher Anteil an Ballaststoffen und pflanzlichen Ölen sowie ihr geringer Arachidonsäure- und Gesamtfettgehalt verdienen zwei Pluspunkte.

Die ursprüngliche Annahme, dass das Kochen der Speisen einen ungünstigen Einfluss auf die Multiple Sklerose hat, ließ sich allerdings nicht halten. Das hat sich in der Wei-

Elemente der Evers-Diät

Denaturierte Ernährungsweise	Nahrung im Rohzustand
verpönt: weißes Mehl, raffinierter Zucker, Weißbrot ohne Ballaststoffe, konservierte Nahrungsmittel	**erwünscht:** rohe Früchte wie Obst, Nüsse und Körnerfrüchte, rohe Wurzeln wie Möhren, rohe, unkonservierte Milch, Butter, rohe Haferflocken, Vollkornbrot, rohes Ei, Bienenhonig, Wasser
verboten: gebratene, gekochte, gebackene Nahrungsmittel	**erlaubt (zum Teil erst in späteren Versionen der Diät):** etwas mageres Fleisch, roher, luftgetrockneter Schinken, frischer Fisch
verboten: alle Konservierungstechniken außer Trocknung und Vergärung	**erlaubte Konservierungstechnik:** ausschließlich Trocknung und Vergärung
verboten: Kaffee, schwarzer Tee und Rauchen	

terentwicklung der Evers-Diät niedergeschlagen, die heute einen variablen Anteil an Rohkost und erhitzter Vollwertkost erlaubt.

Grundsätzlich ist die Evers-Diät in ihrer gemäßigten Variante (Kochen erlaubt, etwas Fleisch und Fisch erlaubt) eine gesunde, ausgewogene Kostform. Der sehr hohe Rohkostanteil von bis zu 90 Prozent und die Kneipp-Anwendungen sind sicher nicht jedermanns Sache. Wahrscheinlich hat die strikte Einhaltung dieser beiden Elemente für die Multiple Sklerose keine besondere Bedeutung. Es funktioniert sicher auch mit kleineren Salatportionen und weniger kalten Güssen.

MEHR WISSEN

Kost mit ganzheitlichem Ansatz

Einen großen Pluspunkt verdient der Ansatz von Dr. Evers durch die Einbettung der Ernährung in einen größeren Lebenszusammenhang (wenn auch das Naturburschentum etwas überbetont wird). Im Grunde sind in diesem Konzept einige der großen Themen der Ordnungstherapie (Ernährung, Bewegung, Entspannung, innere Einstellung zur Erkrankung, Heilkräfte der Natur) angelegt, wie sie ja auch in diesem Ratgeber anklingen. All dies gehört zusammen, die Ernährung ist ein wichtiger Teil davon, der Behandlungserfolg ergibt sich aus der Summe.

Grahams Vorschläge zur Diät und Nahrungsergänzung

Judy Grahams Vorschläge zur Diät und Nahrungsergänzung bei Multipler Sklerose sind zahlreich und können hier nur in wenigen Punkten kommentiert werden. Populär geworden ist vor allem die Empfehlung, Nachtkerzenöl (Primrose Oil) als Nahrungssupplement zu verwenden. Dieses Öl ist reich an Gamma-Linolensäure, einer mehrfach ungesättigten Omega-6-Fettsäure. Es ist aber nicht ersichtlich, wodurch die Wirkung des Nachtkerzenöls über diejenige der Linolensäure hinausgehen soll. Die Zusammensetzung des preiswerteren Hanföls ähnelt derjenigen von Nachtkerzenöl. Die Einnahme spezieller Kapseln hat daher keinen Vorteil. Frühere Vorschläge von Graham, eine an Arachidonsäure reiche Kost zu bevorzugen, haben sich durch die spätere Erkenntnis, dass Arachidonsäure entzündungsfördernd wirkt, als Irrweg erwiesen. Lesen Sie die suggestiven Beiträge von Graham immer mit Skepsis.

Allergenfreie Diäten

Allergenfreie Diäten werden unter der Vorstellung propagiert, der Multiplen Sklerose liege eine Allergie zugrunde. Allergien sind Überreaktionen des Körpers gegen bestimmte Substanzen (sogenannte Allergene wie Pflanzenpollen, Nahrungsbestandteile, Arzneimittel, Hausstaubbestandteile, Bienengift usw.). Da etwa 20 bis 30 Prozent aller Menschen an einer Allergie leiden, haben natürlich auch viele Patienten mit Multipler Sklerose zusätzlich die eine oder andere Allergie.

Es gibt aber keinen Beweis dafür, dass z. B. Nahrungsmittelallergien bei Multiple-Sklerose-Patienten häufiger als in der Normalbevölkerung auftreten. Es gibt keinen wissenschaftlichen Beweis für den Zusammenhang zwischen Allergien und Multipler Sklerose, daher haben allergenfreie Diäten keine wissenschaftliche Berechtigung.

Die Allergiediskussion bezüglich der Multiplen Sklerose stammt überwiegend aus dem angelsächsischen Bereich (Judy Graham, Dr. Ashton Embry, Roger Macdougall), wo der Allergiebegriff laxer gehandhabt wird als im deutschen Sprachraum. So kann es schon einmal vorkommen, dass auch Kopfschmerzen und sogar psychische Erkrankungen wie die Schizophrenie auf eine Allergie geschoben werden. Seien Sie bei Aussagen wie »am Tag, als ich die Diagnose meiner Multiplen Sklerose erfuhr, bemerkte ich, dass ich auf das Rasierwasser meines Ehemanns allergisch reagierte« sehr skeptisch. Das ist größtenteils »Märchenstunde«. Es spricht sogar einiges dafür, dass allergische Atemwegserkrankungen bei MS-Betroffenen seltener vorkommen als in der Normalbevölkerung.

TIPP

Falls Sie tatsächlich unter einer Nahrungsmittelallergie leiden, ist eine allergenfreie Diät eine richtige Maßnahme (allerdings gegen die Allergie).

Glutenfreie Diät

Da in Gegenden, in denen viel glutenhaltiges Getreide (z. B. Weizen, Roggen, Gerste) verzehrt wird, relativ viele Multiple-Sklerose-Erkrankungen auftreten, wurde auch eine glutenfreie Diät empfohlen. Ein weiteres Argument, das für einen möglichen Zusammenhang zwischen dem Getreideeiweiß Gluten und der Multiplen Sklerose sprechen könnte, ist die Häufung anderer Autoimmunerkrankungen bei Menschen, die an einer Glutenunverträglichkeit leiden. Bisher gibt es aber keinen wissenschaftlichen Beweis für den Nutzen einer glutenfreien Diät bei Multipler Sklerose. Auch nicht für die Annahme, dass Gluten in der Nahrung eine Multiple Sklerose verschlechtert oder gar auslöst.

Entzündungshemmende Ernährung

Diese Kostform, die auch von Prof. Olaf Adam vertreten wird, entspricht weitgehend der in diesem Ratgeber vorgeschlagenen Ernährung bei Multipler Sklerose. Hauptelemente sind

- die Reduktion der Zufuhr von Arachidonsäure aus tierischen Fetten und die Zufuhr von Omega-3-Fettsäuren (Pflanzenöle, Fischfett) zur Regulierung der Bildung von Entzündungsbotenstoffen sowie
- die ausreichende Zufuhr von antioxidativ wirkenden Vitaminen (A, C, E) und Spurenelementen (Selen, Kupfer, Zink) zur Reduktion des bei Entzündungen entstehenden oxidativen Stresses.

Myelin-Diät

Diese Diät möchte mit einem optimalen Angebot von Nährstoffen die Voraussetzungen dafür verbessern, dass die Myelinscheiden der Nervenfasern, die in den Entzündungsherden der Multiplen Sklerose zerstört werden, vom Körper wiederhergestellt werden können (»Remyelinisierung«). Zu den Aspekten der Diät zählen

- die verminderte Zufuhr von gesättigten Fetten (aus fettem Fleisch, Vollmilch usw.), auch durch Verzicht auf Nahrungsmittel mit undefinierbaren Fetten und Ölen (bestimmte Margarinesorten, Kartoffelchips usw.),
- die vermehrte Zufuhr von mehrfach ungesättigten Fetten (aus Pflanzenölen und Fischöl), eventuell auch durch Nahrungssupplemente.

Die Hauptelemente der Diät entsprechen den Empfehlungen dieses Ratgebers.

Allerdings zeigten Tierversuche mit absichtlich hervorgerufener Mangelernährung, dass sich der Körper die Bausteine, die er zum Aufbau von Nervengewebe und auch von Myelinscheiden braucht, konsequent aus der Nahrung holt. Deshalb ist es nur schwer möglich, durch Mangelernährung während der Myelinisierungsphase die Myelinzusammensetzung zu verschlechtern. Ob durch die Zufuhr von geeigneten Fettsäuren die Remyelinisierung nach einem Schub oder die Fettsäurenzusammensetzung im Myelin verbessert werden kann, ist nicht geklärt. Eisenmangel, Zinkmangel und Mangel von Vitaminen können jedoch die Myelinbildung verschlechtern. Deshalb ist die in diesem Ratgeber empfohlene Diät auch in der Erholungsphase nach einem Schub sinnvoll.

MEHR WISSEN

Das im Rahmen dieser Diät zunächst propagierte »Lorenzos Öl«, eine Mischung aus Ölsäure und Erucasäure (zwei langkettige einfach ungesättigte Fettsäuren), ist bei Multipler Sklerose nicht wirksam.

Darmsanierung und Darmentgiftung

Als Darmsanierung wird das Bestreben bezeichnet, im Dickdarm eine zuträglichere Darmflora (Besiedlung mit nützlichen Bakterien) aufzubauen. Dieses Bestreben wird von Heilpraktikern gern mit einer nahrungsmittelallergen- oder glutenfreien Diät kombiniert. Diese Maßnahmen sind in den meisten Fällen überflüssig und haben bei Multipler Sklerose keine nachweisbare Wirkung. Eine Darmsanierung (ohne Allergiediät) kann den allgemeinen Gesundheitszustand verbessern. Sie gelingt aber am besten mit einer gesunden, ausgewogenen, ballaststoffreichen Kost. Weitere Maßnahmen sind in der Regel nicht erforderlich.

Eine Darmentgiftung, etwa mithilfe von Abführmitteln, Einläufen oder Klistieren, ist in aller Regel nicht erforderlich und hat keine günstigen Auswirkungen auf die Multiple Sklerose. Wirksame Hilfe bei Verstopfung wird ab S. 46 beschrieben.

Diäten – worauf es wirklich ankommt

Diätempfehlungen sind – abgesehen von ihren Wirkungen – erst dann richtig gut, wenn sie langfristig eingehalten werden können. Schon deshalb sind extreme Nahrungsformen als MS-Diät völlig ungeeignet. In der folgenden Übersicht ist noch einmal die Quintessenz unseres Kostvorschlages enthalten.

Diätvorschläge, die eine Betonung der tierischen Fette oder einen Verzicht auf längerkettige Kohlenhydrate (das sind Kohlenhydrate mit günstigem glykämischen Index oder auch Ballaststoffe) in der Ernährung fordern und daraus einen Vorteil bei Multipler Sklerose ableiten, sind indiskutabel.

Hauptelemente der empfohlenen Ernährung bei Multipler Sklerose

Lebensmittel	Empfehlung
tierische Fette	Diese sollten in der Nahrung nur sehr eingeschränkt vorkommen.
Arachidonsäure	Diese mehrfach ungesättigte Omega-6-Fettsäure sollte gemieden werden. Sie ist ausschließlich in tierischen Produkten enthalten.
mehrfach ungesättigte Fette in Pflanzenölen und Fischfett	Diese sollten in der Nahrung bevorzugt werden, vor allem Omega-3-Fettsäuren.
Vitamine C und E, Carotinoide, Flavonoide	Diese sollten wegen ihrer antioxidativen Wirkung mit der Nahrung reichlich zugeführt werden. Bei einem hohen Anteil an mehrfach ungesättigten Fettsäuren steigt der Vitamin-E-Bedarf.
Vitamin D	Dieses sollte mit der Nahrung reichlich zugeführt werden. Auch im Körper kann unter Einwirkung von Sonnenlicht (UV-Licht) auf die Haut Vitamin D gebildet werden.
Spurenelemente wie Selen, Kupfer, Zink, Jod	Diese sollten wegen ihrer Bedeutung u. a. für wichtige antioxidative Enzyme und vieler weiterer Funktionen mit der Nahrung reichlich zugeführt werden.
Eisen	Dieses sollte ausreichend zugeführt werden.
Ballaststoffe	Diese sollten in der Nahrung in ausreichender Menge vorkommen.
Obst, Gemüse, Salate	Diese sollten in der Nahrung reichlich vorkommen, u. a. wegen ihrer Vitamine und Ballaststoffe. Fünf Portionen am Tag! Denken Sie an die Ampel und verzehren Sie abwechslungsreich grünes, gelbes und rotes Gemüse und Obst.
Getreideprodukte	Vollkornprodukte sollten reichlich gegessen werden, u. a. wegen ihrer Kohlenhydrate und Ballaststoffe. Raffinierte, weiße Mehle sollten nur in Maßen verwendet werden.
Milch(produkte)	Wegen der darin enthaltenen gesättigten Fette sind sie nur in fettarmer Form (1,5 % Fett, Käse bis 30 % Fett i. Tr.) empfohlen. Sie sind besonders wichtig für die Kalziumversorgung.
Fleisch	Wegen der darin enthaltenen gesättigten Fette und Arachidonsäure ist dieses nur in Maßen (eine bis zwei Fleischmahlzeiten pro Woche) und in Form von magerem Fleisch empfohlen. Es versorgt den Körper mit essenziellen Aminosäuren und Eisen.
Fisch	Zwei wöchentliche Mahlzeiten mit (fetten) Meeresfischen oder Meeresfrüchten sind empfohlen. Meeresfisch ist ein guter Lieferant von Omega-3-Fettsäuren. Für die Versorgung mit essenziellen Aminosäuren und für die Jodversorgung ist er ebenfalls zu empfehlen.

Nahrungsergänzungsmittel: hilfreich oder zu vernachlässigen?

Der Übergang von einer speziellen Kostform zur Nahrungsergänzung ist fließend. Denn in der Regel besteht eine Ernährungsweise darin, von bestimmten Nahrungsmitteln oder -bestandteilen weniger und von anderen mehr zu verwenden als vorher. Manchmal reicht es zu diesem Zweck, bestimmte Lebensmittel bevorzugt zu verzehren. In anderen Fällen werden Fertignahrungsmittel herangezogen, in denen die gewünschten Substanzen angereichert sind (z. B. Vitamine im Fruchtsaft, Kalzium im Mineralwasser, essenzielle Aminosäuren im Protein-Shake). Im Grunde ist damit die Grenze zur Nahrungsergänzung (Nahrungssupplementation) schon überschritten. Allerdings ist es heute üblich, von Nahrungsergänzung erst dann zu sprechen, wenn die betreffende Substanz in einer »lebensmitteluntypischen« Darreichungsform (wie Tablette, Kapsel, Brausepulver) zugeführt wird. Der Protein-Shake steht damit gerade so auf der Kippe zwischen Lebensmittel und Nahrungsergänzung.

In diesem Abschnitt sollen diejenigen Nahrungssupplemente zusammengestellt werden, die bei Multipler Sklerose nützlich sind. Außerdem werden ein paar genannt, die verzichtbar sind. Zuvor aber muss der wichtige Unterschied zwischen Arzneimitteln und Nahrungsergänzungsmitteln erklärt werden.

Arzneimittel oder Nahrungsergänzungsmittel?

Es werden zahlreiche Stoffe angeboten, die bei Multipler Sklerose von Nutzen sein sollen. Dabei ist die Grenze zwischen Arzneimittel und Nahrungsergänzungsmittel unscharf und nicht klar ersichtlich. Was ein Arzneimittel ist, wird in Paragraph 1 des Arzneimittelgesetzes definiert: »Arzneimittel sind Stoffe und Zubereitungen aus Stoffen, die dazu bestimmt sind, durch Anwendung am oder im menschlichen (…) Körper (…) Krankheiten, Leiden, Körperschäden oder krankhafte Beschwerden zu lindern, zu verhüten oder zu erkennen (…), die Beschaffenheit, den Zustand oder die Funktion des Körpers oder der seelischen Zustände zu beeinflussen.« Dagegen ist der Begriff Nahrungsergänzungsmittel nicht gesetzlich definiert.

Die Arzneimittel-Definition ließe sich jedoch ohne Schwierigkeiten auf viele Substanzen anwenden, die frei verkäuflich als Nahrungsergänzungsmittel angeboten werden und demnach auch Arzneimittel wären. In der Tat wurden mehrere Produkte, die zunächst als Nahrungsergänzungsmittel auf den Markt gebracht wurden (z. B. als Vitamine, Mineralstoffe, Pflanzenheilmittel) von Gerichten später als Arzneimittel eingestuft. Worin besteht aber der Unterschied zwischen Arzneimitteln und Nahrungssupplementen und wieso ist er wichtig?

Arzneimittel

Bevor ein Arzneimittel von den Behörden zur Behandlung einer Erkrankung zugelassen wird, muss seine Wirksamkeit und Verträglichkeit bewiesen werden. Bei der Multiplen Sklerose dauert ein solches Zulassungsverfahren sehr lange. Sowohl die Beta-Interferone als auch Glatirameracetat, Natalizumab, Fimgolimod oder Cladribin wurden in Studien untersucht, von denen die letzten, entscheidenden über zwei Jahre liefen. Mehrere Hundert Patienten nahmen daran teil und die Wirksamkeit wurde nach verschiedenen Kriterien (z. B. Einfluss auf die Schubrate, Fortschreiten der Symptome oder Entstehung von neuen Krankheitsherden im Kernspintomogramm des Kopfes) untersucht und bewiesen.

Die Studien wurden als Doppelblindstudien durchgeführt. Das heißt, ein Teil der Patienten erhielt das zu testende Medikament (Verum), ein anderer Teil ein unwirksames, genauso aussehendes Scheinmedikament (Placebo). Am Ende – nach zweijähriger Behandlung – wurden dann die Gruppe der mit Verum und die Gruppe der mit Placebo behandelten Patienten verglichen. Weder der Patient noch der behandelnde Arzt oder der Arzt, der die Tests oder die Bilder der Kernspintomogramme auswertet, weiß, welcher Patient Verum oder Placebo hat. Also sind sowohl der Patient als auch der Arzt bezüglich der Medikation blind (deshalb auch Doppelblindstudie). Für die oben genannten Medikamente wurde gezeigt, dass sich z. B. die Schubrate mit einer Wahrscheinlichkeit von 95 Prozent durch die Behandlung mit dem Medikament verringerte. Diese sehr hohe Wahrscheinlichkeit der Wirksamkeit wird als (statistisch) signifikant bezeichnet. Die Zulassungsbehörden fordern einen solchen Wirksamkeitsbeweis in zwei voneinander unabhängigen Studien.

Wirksamkeit allein reicht nicht aus

Doch allein die Tatsache, dass ein Medikament wirksam ist, reicht noch nicht für seine Zulassung aus. Denn neben der Wirksamkeit ist die Arzneimittelsicherheit ein entscheidendes Zulassungskriterium. Sie wird zunächst in verschiedenen Tierversuchen getestet, wobei auch sehr hohe Dosen des Medikaments angewendet werden. Dabei wird u. a. auch der Einfluss des Medikaments auf schwangere Tiere und deren Nachwuchs untersucht.

Bei den klinischen Studien an gesunden Probanden und später an Patienten werden alle Nebenwirkungen, sei es im Befinden, wie z. B. Schwindel oder Übelkeit, sei es in Laborparametern, wie z. B. eine Erhöhung der Blutfettwerte oder der Leberenzymwerte, oder im körperlichen Zustand der Patienten sehr genau erfasst.

Erst wenn die Wirksamkeit *und* die Arzneimittelsicherheit bewiesen sind, kann ein Medikament zur Anwendung im untersuchten Anwendungsbereich, z. B. zur Behandlung einer bestimmten Verlaufsform der Multiplen Sklerose, zugelassen werden. Lässt sich die Wirksamkeit nicht beweisen oder ist die Sicherheit eines Medikamentes fraglich, wird es nicht zugelassen. Sobald sich eine solche Tendenz abzeichnet, werden laufende klinische Studien sofort abgebrochen.

Die sehr strenge Prüfung von Arzneimitteln vor ihrer Zulassung dient dem Verbraucherschutz. Es kostet bei der Multiplen Sklerose bis zu mehreren Hundert Millionen Euro, bis ein Medikament nach mehreren Jahren intensiver Überprüfung in der Apotheke als geprüftes und zugelassenes Produkt verfügbar ist. Dies ist auch der wesentliche Grund für die zum Teil recht hohen Arzneimittelpreise dieser Medikamente.

Der Patient kann bei einem Arzneimittel, das zur Behandlung der Multiplen Sklerose zugelassen wurde, darauf vertrauen, ein Präparat zu bekommen, das wirksam und sicher ist. Die Arzneimittelbehörde überwacht die Anwendung des Medikamentes auch nach der Zulassung, z. B. indem sie verlangt, dass ihr jede schwere in der Praxis aufgetretene Nebenwirkung gemeldet wird.

Nahrungsergänzungsmittel

Ganz anders ist die Situation bei den Nahrungsergänzungsmitteln. Sie werden zu den Lebensmitteln gezählt. Eine gesetzliche Definition gibt es bisher nicht. Nach inoffizieller Lesart sind Nahrungsergänzungsmittel »Lebensmittel, die einen oder mehrere Nahrungsinhaltsstoffe in konzentrierter Form enthalten und eine lebensmitteluntypische Darreichungsform (wie etwa Tablette oder Kapsel) aufweisen«.
Ein Vitaminzusatz in der empfohlenen Tagesverzehrsmenge soll die dreifache Menge der von der Deutschen Gesellschaft für Ernährung empfohlenen täglichen Vitaminzufuhr nicht überschreiten (Ausnahmen bilden die Vitamine A und D, bei denen die einfache Tagesdosis nicht überschritten werden soll).
Nahrungsergänzungsmittel benötigen keine Zulassung und damit auch keinen Wirksamkeitsnachweis durch klinische Studien. Wenn ein Anbieter solcher Präparate behauptet, durch die Einnahme seines Produktes würden weniger Schübe auftreten oder würde das Fortschreiten der Erkrankung verlangsamt oder gar gestoppt, muss er diese Aussagen nicht beweisen.

Bloß nichts »unversucht lassen«?

Die Werbung für solche Produkte erweckt oft den Eindruck, dass die Einnahme einen großen Nutzen bringt. Nicht selten wird sogar ein größerer Nutzen versprochen, als zugelassene Medikamente bei Multipler Sklerose haben. Echte Studien aber, welche die versprochene Wirksamkeit nach wissenschaftlich anerkannten Regeln beweisen, fehlen.
Bislang gibt es für keinen isolierten Nahrungsinhaltsstoff, der als Nahrungssupplement angeboten wird, einen Wirksamkeitsbeweis bei Multipler Sklerose, der den heutigen wissenschaftlichen Kriterien standhält. Deshalb sollte man sich hüten, (viel) Geld für Produkte von zweifelhaftem Nutzen auszugeben. Die Anbieter solcher Produkte spekulieren auf die Hoffnung vieler Patienten, die sie trotz sicherlich vorhandener Skepsis veranlasst, »nichts unversucht zu lassen«.
Sofern die als unbedenklich bekannten Höchstdosen nicht überschritten werden, mag »nur« ein finanzieller, aber kein körperlicher Schaden eintreten. Wenn allerdings, wie es bisweilen geschieht, überhöhte Dosierungen verschiedener Substanzen, z. B. von Vitamin E, empfohlen werden, heißt es, sich vor potenziell schädlichen Effekten in Acht zu nehmen.
Auch die Tatsache, dass sich der Gesundheitszustand von jemandem bessert, der eine Therapie macht oder eine Nahrungsergänzung zu sich nimmt, beweist nicht die Wirksamkeit dieser Maßnahme. So bessern sich in klinischen Studien durchaus auch Betroffene in der Placebogruppe. Diese Besserungen sind gar nicht eingebildet, sondern werden von erfahrenen Neurologen z. B. durch klinische Untersuchungen objektiviert. Auch Schübe können sich spontan bessern (und bessern sich natürlich auch spontan, wenn ein Nahrungsergänzungsmittel eingenommen wird). Es ist gut verständlich, dass ein Betroffener die Besserung dann auf die Therapie zurückführt. Dankbare Briefe an den Hersteller oder entsprechende Mails in Internetforen bringen möglicherweise dann andere Betroffene dazu, dafür Geld auszugeben, auch dann, wenn die Behandlung objektiv unwirksam und damit ihr Geld nicht wert ist.

Nahrungsergänzungsmittel, die sinnvoll sind

Die Einnahme von Nahrungsergänzungsmitteln sollten Sie mit Ihrem Arzt oder Ihrer Ärztin besprechen. Dadurch gewinnen Sie die Sicherheit, dass sich das Präparat mit Ihren Arzneimitteln verträgt und keine schädlichen Wechselwirkungen verursacht. Ihr Arzt oder Ihre Ärztin kann Ihnen auch die angemessene Dosis nennen. Außerdem können Ärzte den Bedarf aus medizinischen Gründen (z. B. wegen einer Darmkrankheit) am besten einschätzen.

Da es sich um Nahrungsergänzungsmittel handelt, sollten Sie deren Anwendung immer im Zusammenhang mit Ihrer Ernährung sehen. Wer mit Begeisterung Fisch isst, auch die fettigen Sorten wie Lachs, Aal oder Heilbutt, und davon gar nicht genug bekommen kann, braucht mit ziemlicher Sicherheit keine Fischöl-Kapseln. Wer täglich Weizenkeimöl verwendet, ist in der Regel gut mit Vitamin E versorgt.

TIPP

Nahrungssupplemente sind vor allem dort, wo es mit der Ernährung hapert, eine gute Maßnahme.

Die Liste der sinnvollen Nahrungssupplemente bei Multipler Sklerose ist erfreulich kurz (siehe Übersicht). Das bedeutet, dass in der gesunden, ausgewogenen Kost schon fast alles enthalten ist, was Sie brauchen. Das bedeutet auch, dass Sie nicht so leicht den Überblick verlieren und dass die Ausgaben sich in Grenzen halten.

Sinnvolle Nahrungssupplemente bei Multipler Sklerose

Nahrungsergänzung	Dosierung
Fischöl	Empfohlen werden etwa 2 Gramm pro Tag. Die Einnahme erhöht den Vitamin-E-Bedarf.
Vitamin E	Dosierungen bis 400 Milligramm pro Tag sind gut verträglich. Höhere Dosen als 800 Milligramm sind nicht zu empfehlen, sie können entzündungsfördernd wirken.
Vitamine C	Dosierungen von 1000 bis 3000 Milligramm pro Tag sind gefahrlos möglich. Überschüssiges Vitamin C wird über die Nieren ausgeschieden.
Vitamin D	Die Einnahme sollten Sie mit Ihrem Arzt oder Ihrer Ärztin besprechen. Oft reicht schon ein häufigerer Aufenthalt im Freien, da das im Körper gespeicherte Vitamin D unter dem Einfluss von Sonnenlicht in die aktive Form umgewandelt wird. Bis 1000 I. E. sind unproblematisch (siehe Kapitel Vitamin D).
Eisen	Dieses sollten Sie nur bei nachgewiesenem Eisenmangel (Laboruntersuchung) anwenden, da eine Eisenüberladung des Körpers schädlich ist.
Selen	Dosierungen bis 200 Mikrogramm sind sicher und nützlich. Höhere Dosen können schädliche Wirkungen haben.

Verzichtbare Nahrungssupplemente

Alle Nahrungssupplemente, die nicht in der Übersicht erscheinen, halten wir für verzichtbar. Das bedeutet nicht, dass sie schädlich oder für die Multiple Sklerose nutzlos wären. Es bedeutet nur, dass Sie darauf verzichten können, wenn Sie sich an die hier gegebenen Empfehlungen für eine gesunde, ausgewogene Ernährung halten. Da es ein Riesenangebot von Nahrungssupplementen gibt, ist es erstaunlich, dass die hier vertretene Auswahl offenbar einem verbreiteten Konsens entspricht. In den Weiten des Internets finden sich kaum andere Vorschläge und sogar die Ayurveda-Medizin aus dem fernen Sri Lanka reiht sich beim Thema Nahrungsergänzung und Multiple Sklerose mit genau denselben Vorschlägen ein.

Orientierungs-hilfen im Küchenalltag

Im folgenden Kapitel erfahren Sie Wissenswertes übers Kochen und vor allem viele praktische Tipps, wie Sie die Arbeit in der Küche organisieren, ohne nach dem Kochen fix und fertig zu sein. Was Sie schon beim Einkaufen beachten können, finden Sie auf den folgenden Seiten, und auch zusammengefasst zum Nachschlagen, was Sie über den Einsatz verschiedener Pflanzenöle wissen sollten.

Gut organisiert kochen

Manche Leute kochen zur Entspannung, weil es ihnen Spaß macht. Falls Sie (noch) nicht zu den Hobbyköchen oder -köchinnen gehören, helfen Ihnen die folgenden Tipps vielleicht ein wenig bei der reibungslosen Küchenorganisation. Wenn Sie Spaß am Kochen finden, fallen Ihnen bestimmt selbst noch zahlreiche weitere Tipps und Kniffe zur rationellen Küchenarbeit an.

- Verstauen Sie Teller, Tassen, Besteck, Schüsseln, Siebe etc. dort, wo sie ohne Verrenkungen hinkommen.
- Bringen Sie Töpfe und Pfannen nahe am Herd unter, Tassen, Teller oder Gläser in der Nähe von Spüle oder Esstisch, damit das Umhertragen minimiert wird.
- Stellen Sie schwere Gegenstände wie Mixer, Toaster, Küchenmaschine oder Getreidemühle so, dass sie nicht oft bewegt werden müssen.
- Entspannen Sie Ihre Rückenmuskulatur, indem Sie bei längerem Stehen einen Fuß auf einem Schemel abstellen.
- Benutzen Sie für längere Wege mit Geschirr oder Gewichten einen Servierwagen.
- Sorgen Sie für gute Beleuchtung und Belüftung der Küche.
- Legen Sie sich alle Arbeitsgeräte und Lebensmittel passend zurecht, bevor sie mit dem Kochen beginnen. Decken Sie auch den Tisch schon vorher.
- Wenn Sie größere Portionen kochen, frieren Sie einen Teil davon ein.

Orientierungshilfe pro Tag

Getreide (Produkte aus Vollkorn bevorzugen), Kartoffeln

- 4 – 6 Scheiben Brot (ca. 200 – 300 g) oder 3 – 5 Scheiben Brot und 5 – 6 EL Getreideflocken (50 – 60 g)
- plus 1 Portion Kartoffeln (gekocht 200 – 250 g) oder 1 Portion Nudeln (gekocht 200 – 250 g) oder 1 Portion Reis (gekocht 150 – 180 g)

✓ Bsp.: 4 Scheiben (Vollkorn-) Brot + 5 EL Haferflocken + 200 g Pellkartoffeln

Gemüse, Salat

- mind. 3 Portionen (ca. 400 g und mehr)

✓ Bsp.: 3 Möhren als Gemüse + 1 Tomate + 50 g Schnittsalat

Obst

- mind. 2 Portionen (ca. 250 g)

✓ Bsp. 1 Apfel + 1 Nektarine

Milch, Milchprodukte

- 200 – 250 g fettarme Milch/-produkte
- plus 2 Scheiben Käse (50 – 60 g)

✓ Bsp.: 1 Becher Joghurt (150 g) + 2 EL Quark + 2 Scheiben Gouda (à 30 g)

Fleisch, Wurst, Fisch, Ei (Angabe pro Woche!)

- Insgesamt max. 2 Portionen Seefisch
- plus insgesamt max. 300 – 500 g Fleisch/Wurst
- plus insgesamt bis zu max. 2 Eier (inkl. verarbeitetes Ei)

✓ Bsp.: max. pro Woche: 125 g Zander + 100 g Hering + 200 g Fleisch + 100 g Schinken + 100 g Bratenaufschnitt + bis zu 2 Eier

Portionsgrößen

Lebensmittel	Portionsgröße
Getreide	5–6 EL als Müsli
warmes Gemüsegericht	150 g als Vorspeise, 250 g als Hauptgericht
Kartoffeln	200 g als Beilage, 250 g als Hauptgericht
Nudeln	60 g als Beilage (Trockengewicht), 125 g als Hauptgericht (Trockengewicht)
warmes Getreidegericht	50 g als Beilage (Trockengewicht), 75 g als Hauptgericht (Trockengewicht)
Hülsenfrüchte	50 g als Beilage (Trockengewicht), 75 g als Hauptgericht (Trockengewicht)
Fleisch	125 g pro Hauptgericht
Fisch	150 g pro Hauptgericht

Fette, Öle

- 1,5 – 3 gestrichene EL Streichfett (15 – 30 g)
- plus 1 – 1,5 EL Öl (10 – 15 g)
- ✓ Bsp.: 2 EL Butter/ungehärtete Margarine + 1,5 EL Raps-/Olivenöl

Getränke

- mind. 1,5 l Flüssigkeit
- ✓ Bsp.: 1 große Flasche Wasser (1,0 l) + 2 große Tassen Tee (0,5 l)

Richtig einkaufen

Die richtige Ernährung beginnt beim Einkaufen! Machen Sie sich vor jedem Einkauf eine Liste und kaufen Sie genau das ein, was draufsteht. Wählen Sie bevorzugt frische Produkte der Saison, die möglichst aus der jeweiligen Region und aus biologischem Anbau stammen.

Machen Sie sich mit den Aufdrucken auf Fertignahrungsmitteln vertraut. Dort finden Sie nützliche Hinweise, etwa zum Energiegehalt, zum Gehalt an ungesättigten Fettsäuren, Vitaminen und Spurenelementen.

Tiefkühlkost – muss es immer frisch sein?

Der Vorteil der Tiefkühlkost liegt in der Lagermöglichkeit. Sie haben immer etwas im Haus, auch wenn Sie gerade keine Zeit oder keine Kraft für den Einkauf haben. Vielleicht bereitet Ihnen auch das Putzen oder Kleinschneiden des Gemüses gerade Probleme.

Worauf Sie achten sollten:

- Je weniger verarbeitet desto besser!
- Empfehlenswert sind »küchenfertige« Tiefkühlprodukte: Gemüse, Obst, Fisch – fertig geputzt und gegebenenfalls zerkleinert.
- Meiden sollten Sie dagegen »zubereitungsfertige Teilgerichte« (z. B. Rahmspinat, der nur noch erhitzt werden muss) oder verzehrfertige Gerichte bzw. verzehrfertige Mehr-Komponenten-Menüs.

TIPP

Vorratsliste – das sollten sie immer im Haus haben

Grundvorrat

- Getreide (Dinkel, Grünkern, Roggen, Hirse, Hafer)
- Naturreis, Vollkornnudeln (Nudeln ohne Ei)
- Haferflocken
- Knäckebrot, Pumpernickel
- Äpfel, tiefgekühlte Beeren, unbehandelte Zitrone
- Kartoffeln, Knoblauch, Zwiebeln und TK-Gemüse
- Jodsalz
- Apfelessig
- Oliven-/Rapsöl
- Gemüsebrühe (als Würfel oder im Glas)
- Senf, Tomatenmark
- Gewürze (Basilikum, Chili, Curry, Kümmel, Lorbeerblätter, Majoran, Muskatnuss, Oregano, Paprika, Pfeffer, Rosmarin, Salbei, Thymian, Vanille, Zimt)
- frische Kräuter (Garten oder Fensterbank) oder TK
- Kürbiskerne, Leinsamen, Nüsse, Sesam, Sonnenblumenkerne
- Rosinen, ungeschwefeltes Trockenobst
- Honig, Marmelade
- Backpulver, Hefe
- Getränke (Mineralwasser, Tee, Obstsäfte)

Etwa ein- bis zweimal pro Woche einkaufen

- Brot
- Gemüse, Obst
- Milch (pasteurisiert)
- Joghurt (natur)
- Quark (Magerstufe)
- Butter oder Margarine (ungehärtet)
- Käse
- Eier
- Fisch (frisch oder TK)
- (Fleisch, Aufschnitt)

Lesen Sie, was auf der Packung steht ...

- Welches Mindesthaltbarkeitsdatum ist angegeben?
- Sind Aroma-, Farb-, Geschmacksstoffe oder Emulgatoren enthalten?

Kaufen Sie nur Tiefkühlwaren, die nicht zusammengeklumpt sind (Rasseln die Erbsen/Himbeeren noch im Karton?). Reichlich Eiskristalle an der Verpackung deuten auf eine fehlerhafte Lagerung hin bzw. darauf, dass die Kühlkette nicht eingehalten wurde. Ihr Gefriergerät sollte mindestens eine Temperatur von – 18 Grad halten können. Übrigens: Gefroren heißt bei – 12 Grad eingefroren; tiefgefroren heißt bei höchstens – 18 Grad eingefroren.

Lassen Sie es sich schmecken

Nehmen Sie sich genügend Zeit zum Essen und versuchen Sie, hastiges Essen (Schlingen) zu vermeiden. Kauen Sie jeden Bissen gründlich. Ein freundlich gedeckter Tisch spricht nicht nur die Augen, sondern regt auch die Verdauungssäfte an. Versuchen Sie in Ruhe und mit Genuss und nicht nebenher, z. B. beim Fernsehen oder Telefonieren, zu essen.

Essen Sie dann, wenn Sie Hunger haben. Achten Sie darauf, ob und wie sich ein Sättigungsgefühl einstellt und beenden Sie die Mahlzeit dann. Übrigens: Zu jeder Mahlzeit gehört eine Portion frisches Obst, Salat oder rohes Gemüse.

Einfach und lecker: Bereiten Sie im Alltag einfache, schmackhafte Mahlzeiten zu. Die Zubereitung aufwändiger Menüs verbessert Ihre Ernährung nicht, ist aber kraft- und zeitraubend.

Gewicht halten: Nehmen Sie mit der Nahrung so viel Energie zu sich, wie Sie benötigen. Nur so halten Sie auf Dauer Ihr Normalgewicht und vermeiden Über- oder Untergewicht.

Fett einschränken: Ein Fettverzehr von 50 bis 60 Gramm pro Tag ist für die meisten Erwachsenen angemessen. Schränken Sie die tierischen und gehärteten Fette ein. Meiden Sie also fette Fleisch- und Wurstwaren, Sahne, Crème fraîche, fetten Käse und Butter und achten Sie auf die versteckten Fette, z. B. in Backwaren, Süßspeisen und Schokolade. Verwenden Sie vorzugsweise pflanzliche Öle, wenn möglich Lein-, Walnuss-, Weizenkeim- und/oder Sojaöl sowie ungehärtete Diätmargarine. Ein Esslöffel entspricht etwa 10 Gramm. Kochen, backen oder dünsten Sie die Speisen. Gebratene oder frittierte Speisen enthalten viel Fett.

Überwiegend vegetarisch: Ernähren Sie sich überwiegend von pflanzlicher Kost. Nehmen Sie einen Teil davon unerhitzt (Obst, Salate, rohes Gemüse) zu sich. Gegen eine (ovo-)lakto-vegetarische Kost (pflanzliche Nahrungsmittel plus Milch, Milchprodukte und wenig Eier) spricht kaum etwas (siehe S. 54).

Vollkorn tut gut: Bevorzugen Sie Getreide und Getreideprodukte aus Vollkorn, wie z. B. Vollkornbrot und Frischkornmüsli.

Reichlich Gemüse: Verzehren Sie reichlich Gemüse (täglich 500 Gramm) als Frischkost oder schonend gegart sowie reichlich Obst (täglich 300 Gramm). Setzen Sie Kartoffeln, Hülsenfrüchte und Sojaprodukte häufig auf Ihren Speiseplan.

Fettarme Milch: Bevorzugen Sie fettarme Milch (1,5 % Fett) und fettarme Milchprodukte (1,5 % Fett) wie Buttermilch, Hüttenkäse, Joghurt, Dickmilch, Speisequark (Magerstufe) und Käse (bis zu 30 % Fett i. Tr.). Davon können Sie täglich etwa 250 Gramm Milch(produkte) plus zwei bis drei Scheiben Käse verzehren.

Vitalstoffe zum Würzen: Verwenden Sie zur Geschmacksverfeinerung Nüsse und Samen sowie frische Kräuter und Gewürze.

Fetter Fisch: Gönnen Sie sich zwei Meeresfisch-Mahlzeiten pro Woche (125 Gramm pro Portion). Wegen des Fischöls (Omega-3-Fettsäuren) sollten es eher fette Fischsorten sein: Hering, Makrele, Thunfisch etc.

Gelegentlich Fleisch: Essen Sie Fleisch nur als gelegentliche Beilage (ein- bis zweimal pro Woche, maximal 125 Gramm pro Portion). Meiden Sie Wurst weitgehend. Ganz auf Fleisch bzw. Wurst zu verzichten, kann die Versorgung mit Vitaminen, Spurenelementen und essenziellen Aminosäuren erschweren. Dies hängt aber auch von der übrigen Ernährungsweise (Fisch, Soja usw.) ab.

Eier einschränken: Verzehren Sie nicht mehr als drei Eier pro Woche. Aufläufe, Süßspeisen und Kuchen können auch ohne Eier zubereitet werden. Es gibt – z. B. aus Italien – eine große Auswahl an eifreien Teigwaren.

Raffinierte Lebensmittel meiden: Meiden Sie weißes Mehl, Zucker und Alkohol.

Tüchtig trinken: Achten Sie auf eine ausreichende Flüssigkeitszufuhr von 1,5 bis 2 Liter täglich, hauptsächlich durch Mineralwasser, Saftschorlen und Kräuter- und Früchtetees.

Umgang mit Fett

Seit Jahrzehnten tobt der Streit, ob Butter oder Margarine gesünder ist. Butter ist unser traditionelles Speisefett und auch heute noch ein Naturprodukt. Butter entsteht in wenigen Schritten: Die Milch wird zentrifugiert und der entstandene Rahm danach geschlagen, geknetet und gewaschen. Anschließend wird die fertige Butter ausgeformt.

Margarine dagegen ist ein Hightechprodukt. Zuerst braucht man ein flüssiges Öl, das dann in eine streichfähige, butterähnliche Form gebracht werden muss. Dafür werden fettreiche Samen (z. B. Sonnenblumenkerne) zerkleinert und unter hohem Druck ausgepresst. Um die Ausbeute zu erhöhen, wird das Ganze erhitzt und das Fett mit einem Fettlösemittel herausgelöst. Durch die anschließende Raffination werden die Öle von verschiedenen Begleitstoffen (Pigmente, Geruchs-, Geschmacks- und Bitterstoffe) befreit und dadurch auch länger haltbar gemacht.

Die Härtung erfolgt entweder durch Wasserstoffanlagerung oder durch Zusatz von Hartfetten. Danach werden u. a. Vitamine, Lezithin und Carotin dazugemischt. Die Masse wird verknetet und dann zu Margarine ausgeformt. Bei der künstlichen Härtung der Pflanzenöle können aus den wertvollen ungesättigten Fettsäuren schädliche Transfettsäuren entstehen. Nur Reformmargarine darf keine gehärteten Fette enthalten.

Butter enthält Arachidonsäure (83 mg/100 g), während reine Pflanzenmargarine frei von Arachidonsäure ist. Der Fettgehalt von Butter (mindestens 82 %) und Margarine (mindestens 80 % Fett) ist nahezu gleich. Gönnen Sie sich maximal 20 – 30 Gramm Streichfett pro Tag.

Salate

Verwenden Sie für die kalte Küche kaltgepresste, unraffinierte Öle (nativ, nativ extra). Eine besondere Geschmacksnote bekommen Salate durch kräftiges Walnuss-, Sesam-, Lein- oder Kürbiskernöl.

Kochen, Dünsten, Braten

Für niedrigere Gartemperaturen (zum Kochen und Dünsten) können grundsätzlich alle Fette und Öle verwendet werden. Auch Butter oder ungehärtete Margarine können hier zum Einsatz kommen. Zum Braten bieten sich Fette und Öle an, deren Rauchpunkt über 160 Grad liegt, z. B. Erdnussöl, Kokosfett, Maiskeimöl, Oliven-, Raps-, Soja- oder Sonnenblumenöl. Bitte beachten Sie:

- Öl in die bereits heiße Pfanne gießen.
- Fett nie so hoch erhitzen, dass es anfängt zu rauchen.
- Lebensmittel zum Garen in das heiße Fett geben. So schließen sich die Poren schneller und es kann weniger Fett eindringen.

Pflanzenöle

Bevorzugen Sie für den täglichen Gebrauch kaltgepresstes, natives Oliven- oder Rapsöl. Diese beiden Öle sind wegen ihres hohen Anteils an einfach ungesättigten Fettsäuren besonders stabil. Besonders reich an der Omega-3-Fettsäure α-Linolensäure sind Leinöl, Walnuss- und Rapsöl. Dagegen enthalten Distel-, Sonnenblumen-, Weizenkeim- und Maiskeimöl überwiegend Linolsäure, eine Omega-6-Fettsäure.

Was »kaltgepresst, nativ« bedeutet

Das Öl wird durch Pressung oder Zentrifugierung aus zuvor nicht erhitzten Rohstoffen gewonnen. Es darf bei der Pressung eine Temperatur von maximal 50 Grad nicht überschritten haben. Das Öl darf anschließend nur filtriert werden. Kaltgepresstes, natives Öl enthält die ursprünglichen Inhaltsstoffe der Ölfrüchte. Es hat meist eine intensive Farbe und einen deutlichen Eigengeschmack. Ideal einzusetzen ist es für die Zubereitung von Salaten und für das Garen bei niedrigeren Temperaturen.

MEHR WISSEN

Pflanzliches enthält kein Cholesterin

Pflanzen können kein Cholesterin bilden, d. h. reine Pflanzenöle enthalten grundsätzlich kein Cholesterin – auch wenn es nicht draufsteht! Cholesterin nehmen wir nur mit tierischen Lebensmitteln zu uns. Der weitaus größte Teil des Cholesterins, das wir täglich brauchen, wird in unserer Leber hergestellt.

Was »raffiniert« bedeutet

Die Rohölausbeute wird durch äußere Hitzezufuhr und chemische Lösungsmittel erhöht (Extraktion). Anschließend wird das Rohöl von unerwünschten Stoffen befreit: Es wird entschleimt, entsäuert (neutralisiert), gebleicht und gedämpft. Beim Raffinationsprozess entzogenes Vitamin E kann später künstlich wieder zugesetzt werden. Raffiniertes Öl ist farb-, geruchs- und geschmacksneutral. Es ist besonders hitzebeständig und eignet sich daher besonders zum Braten und Frittieren.

Kleines Pflanzenöl-Lexikon

Bewahren Sie Ihr Öl dunkel und kühl auf, aber nicht kalt. Öl kann im Kühlschrank ausflocken, bei Zimmertemperatur wird es aber schnell wieder klar. Diese sogenannte Einflockung hat keinen Einfluss auf die Qualität.

Distelöl: hat kaltgepresst einen eigenwilligen Geschmack, für Salate, zum Erhitzen nicht geeignet, reich an Vitamin E.

Erdnussöl: leicht nussig im Geschmack, sehr hitzestabil.

Kürbiskernöl: schimmert dunkelgrün, für Feinschmecker; nur für die kalte Küche (z. B. Blatt-, Kartoffel-, Krautsalat) und zum Beträufeln von Kürbissuppe und fertig gegarten Gerichten.

Leinöl: sehr hochwertiges Öl mit eigenwilligem Geschmack, das nur zu wenigen Gerichten in der kalten Küche passt (klassisch: Leinöl-Quark mit Kartoffeln, auch zu Blatt- und Wurzelsalaten), nicht erhitzen, sehr reich an Omega-3-Fettsäuren. Nur kleine Gebinde kaufen und die Flasche nach dem Öffnen im Kühlschrank aufbewahren und schnell aufbrauchen.

Maiskeimöl: Allround-Öl, eignet sich für die kalte Küche genauso wie zum Dünsten und Anbraten sowie zum Backen, ergänzt sich gut mit Getreidegerichten.

Olivenöl: Allround-Öl, optimal für Salate sowie zum Kochen, Dünsten und Braten, verfeinert mediterrane Gerichte, reich an einfach ungesättigten Fettsäuren.

Rapsöl: Allround-Öl, optimal für Salate sowie zum Kochen, Dünsten und Braten, reich an einfach ungesättigten und Omega-3-Fettsäuren sowie an Vitamin E.

Sesamöl: schmeckt intensiv nussig und ist ein typisches Würzöl, d. h. sparsam über die fertig gegarten Gerichte träufeln, verleiht Salaten einen fernöstlichen Geschmack.

Sojaöl: Allround-Öl, wird meist durch Heißpressung und Raffination hergestellt und schmeckt dann neutral, reich an Omega-3-Fettsäuren.

Sonnenblumenöl: Allround-Öl, für die kalte Küche ebenso geeignet wie zum knusprigen Anbraten, auch statt Butter oder Margarine zum Backen, reich an Vitamin E.

Walnussöl: beliebt in der kalten Feinschmeckerküche, ideal für Blattsalate und Wurzelsalate (z. B. Rote Bete), reich an Omega-3-Fettsäuren.

Weizenkeimöl: bevorzugt für die kalte Küche, erst nach dem Garen zufügen, reich an Omega-3-Fettsäuren, sehr reich an Vitamin E.

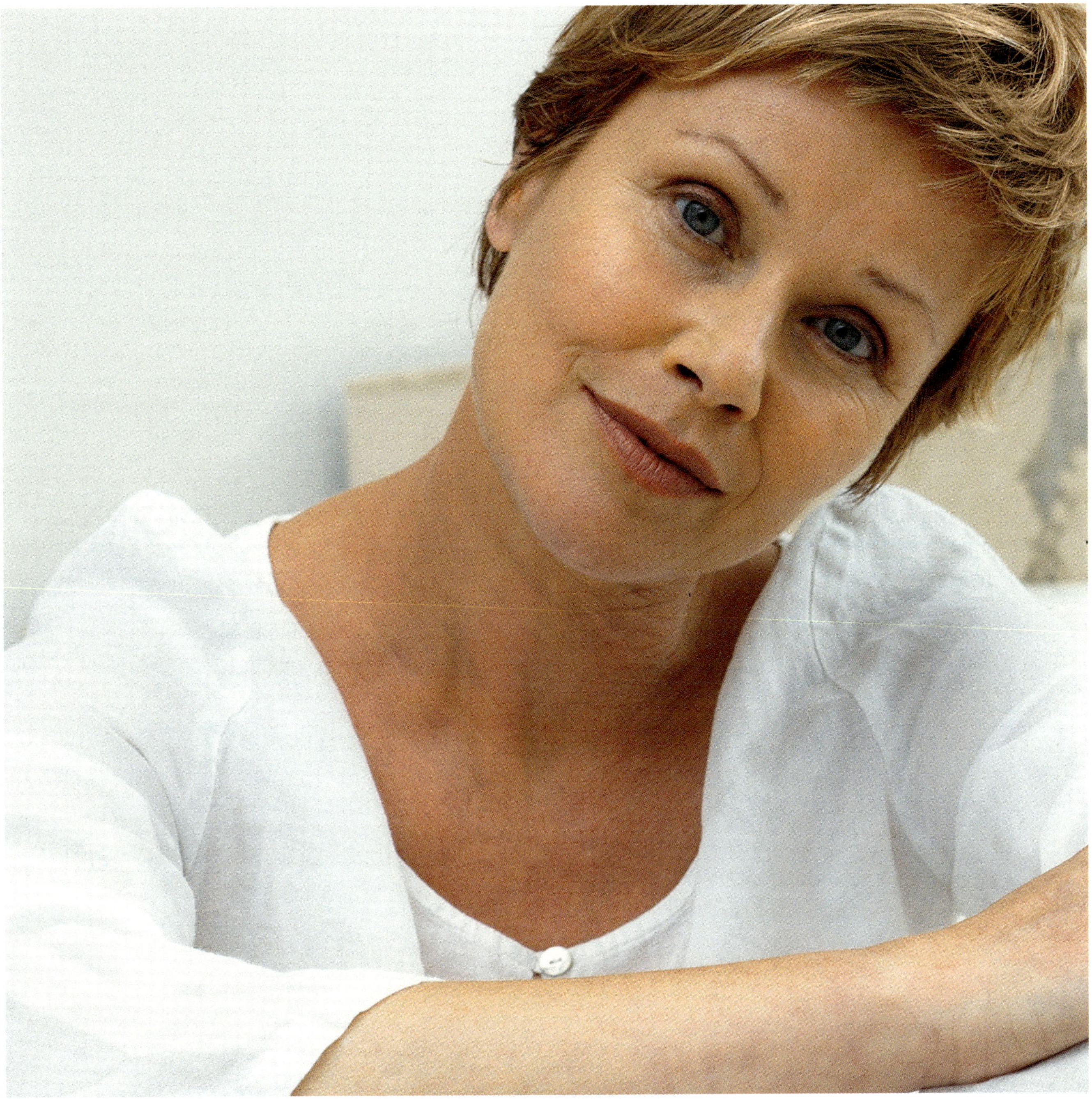

Frühstücks-ideen

Alles für einen gelungenen Start in den Tag

Das Frühstück wird von vielen recht stiefmütterlich behandelt. Manche frühstücken gar nicht, um ein paar Minuten länger schlafen zu können. Andere wiederum schlingen in aller Eile Toastbrot oder Brötchen mit Marmelade, Nuss-Nougat-Creme oder fettem Aufschnitt in sich hinein. Hinuntergespült wird das Ganze dann mit mehreren Tassen Kaffee. Ein echtes Power-Frühstück sollte die Grundlage für den beginnenden Tag legen und reichlich komplexe Kohlenhydrate, Vitamine, Mineralien, Ballaststoffe sowie andere bioaktive Substanzen liefern. Ein ideales Frühstück kombiniert daher Vollkorngetreide mit Obst und Milchprodukten. Vollkorngetreide können Sie in Form von Brot, Brötchen oder Müsli genießen. Als Getränk eignen sich Mineralwasser, Früchte- oder auch Kräutertee.

Oft finden sich bessere Alternativen

statt	besser
Weißbrot oder Toast	Vollkornbrot oder Vollkornbrötchen
fingerdick auf-getragener Butter	wenig ungehärtete Margarine oder Butter
Wurst	Aufstriche aus Obst oder Hülsenfrüchten
fettem Käse	fettarme Dickmilch, Joghurt, Quark oder Hüttenkäse
Fruchtsaft	frisches Obst (z. B. Birne, Beeren, Nektarine) oder auch Gemüse (z. B. Gurke, Kohlrabi, Kresse, Tomate)

Müsli

Hmm, ein echtes Power-Frühstück, das Sie fit für den Tag macht.

Zutaten für 1 Portion

- 50 g Getreide (z. B. 2 EL gekeimtes Getreide und 2 EL Hafer-Vollkornflocken)
- 1–2 EL Kerne und Saaten (z. B. 1 TL gerösteter Sesam und 1 EL Sonnenblumenkerne)
- 150 g Obst (z. B. ½ Apfel und ½ Banane)
- 100 g fettarmer Joghurt (Dickmilch, Quark, Milch etc.)

Nährwerte pro Portion:

340 kcal, 11 g Eiweiß, 11 g Fett, 47 g Kohlenhydrate, 6 g Ballaststoffe, 4,89 g Linolsäure, 0 g Arachidonsäure, 0,15 g Ω-3-Fettsäuren

- Das Getreide mit den Kernen und Saaten in eine Schüssel füllen, das Obst klein schneiden und dazugeben. Milch (Dickmilch, Joghurt, Kefir) über das Müsli geben, alternativ Bananen-Mandel-Wasser (siehe unten) oder Sojamilch.
- Statt wie in der süßen Variante können Sie das Müsli auch pikant mit Gemüse und Kräutern abschmecken.

Variante:

- Ob Hafer, Hirse, Roggen oder Weizen, ob Flocken, Keime oder geschrotet, Sie können nach Herzenslust variieren. Als Müslibasis können Sie auch eine zuckerfreie Fertigmischung verwenden.
- Bananen-Mandel-Wasser ist eine leckere, milchfreie Alternative: Zwei Bananen schälen, zusammen mit 1 EL Mandelmus pürieren und mit 200 ml Wasser bis zur gewünschten Konsistenz verdünnen.
- Als Obst eignen sich geraspelter Apfel, klein geschnittene Banane, Birne, Nektarine, Pflaume oder – wenn Sie mehr Zeit haben – auch ein kleiner Obstsalat.

Fruchtaufstrich

Ein feiner Aufstrich, den Sie aus Trockenfrüchten herstellen können.

Zutaten für 1 Schraubglas

200 g Trockenobst, ungeschwefelt (Aprikosen, Pflaumen, Feigen, Datteln)
etwas Vanille, gemahlen
Zitronenschale (unbehandelt)

- Trockenobst über Nacht in Wasser einweichen. Die überschüssige Flüssigkeit abgießen und auffangen (je nach Konsistenz später wieder zugeben oder trinken). Das eingeweichte Obst pürieren, mit Vanille und etwas Zitronenschale abschmecken.

Variante: Probieren Sie den Aufstrich auch mal mit gehackten Mandeln (50 g), gehackten Walnüssen, Sesam oder Kokosflocken. Im Kühlschrank ist er 1 bis 2 Wochen haltbar.

Nährwerte pro Rezept: 540 kcal, 8 g Eiweiß, 2 g Fett, 116 g Kohlenhydrate, 19 g Ballaststoffe, 0,81 g Linolsäure, 0 g Arachidonsäure, 0,12 g Ω-3-Fettsäuren

Erdbeeraufstrich

Lässt sich prima auch außerhalb der Erdbeersaison zubereiten!

Zutaten für 1 Schraubglas

50 g getrocknete Aprikosen, ungeschwefelt
125 g TK-Erdbeeren
1 Msp. Vanille, gemahlen

- Aprikosen in eine kleine Schüssel geben, die gefrorenen Beeren darüber verteilen und über Nacht durch das Auftauwasser der Beeren einweichen lassen. Am nächsten Tag pürieren und mit Vanille abschmecken.

Nährwerte pro Rezept: 165 kcal, 4 g Eiweiß, 1 g Fett, 32 g Kohlenhydrate, 8 g Ballaststoffe, 0,24 g Linolsäure, 0 g Arachidonsäure, 0,13 g Ω-3-Fettsäuren

Fruchtaufstrich

Linsenaufstrich

Zutaten für 1 Schraubglas

100 g rote Linsen
½ TL Bohnenkraut
1 Lorbeerblatt
1 Zweig Thymian
1 Knoblauchzehe
1 EL Tomatenmark
½ TL Apfelessig
gekörnte Gemüsebrühe
Salz

- Linsen mit der doppelten Menge Wasser, Bohnenkraut und Lorbeerblatt ca. 25 Min. weich kochen (Achtung: schäumt leicht über). Thymianblättchen abzupfen und mit dem Knoblauch fein hacken.
- Lorbeerblatt entfernen und die gekochten Linsen zu einer homogenen Masse verrühren. Tomatenmark dazugeben und mit den Kräutern, Essig, Brühe und Salz abschmecken.

Nährwerte pro Rezept: 330 kcal, 25 g Eiweiß, 2 g Fett, 53 g Kohlenhydrate, 11 g Ballaststoffe, 0,62 g Linolsäure, 0 g Arachidonsäure, 0,12 g Ω-3-Fettsäuren

Pikanter Gemüsequark

Zutaten für 2 Portionen

½ Paprika
1 Tomate
½ kleine Zwiebel
½ Bund Petersilie
Basilikumblätter
250 g Magerquark
4 EL Milch (1,5 % Fett)
4 EL Getreidekeimlinge
Salz | Pfeffer, frisch gemahlen

- Paprika und Tomate in Würfel schneiden, Zwiebel und Kräuter fein hacken. Den Quark mit der Milch glatt rühren.
- Das vorbereitete Gemüse und die Getreidekeimlinge unter den Quark rühren. Mit den gehackten Kräutern sowie Salz und Pfeffer abschmecken.

Nährwerte pro Portion: 160 kcal, 20 g Eiweiß, 1 g Fett, 16 g Kohlenhydrate, 3 g Ballaststoffe, 0,22 g Linolsäure, 0 g Arachidonsäure, 0,05 g Ω-3-Fettsäuren

Linsenaufstrich

Beerige Buttermilch

Schnell gemacht und einfach lecker!

Zutaten für 2 Portionen

250 g TK-Himbeeren
1 Banane
250 g Buttermilch

- Beeren und Banane mit der Buttermilch in einem Mixer verquirlen.

Variante: Verwenden Sie statt der Buttermilch auch Kefir oder Joghurt. Und probieren Sie auch Kombinationen mit Erdbeeren, Heidelbeeren, Johannisbeeren, Birne, Mango, Nektarine, Pfirsich, Pflaumen.

Achtung: Milchmixgetränke nicht mit frischer Ananas oder Kiwi zubereiten, sonst schmeckt die Milch bitter.

Nährwerte pro Portion: 140 kcal, 6 g Eiweiß, 1 g Fett, 23 g Kohlenhydrate, 9 g Ballaststoffe, 0,18 g Linolsäure, 0 g Arachidonsäure, 0,12 g Ω-3-Fettsäuren

Aprikosenmilch

Ein wunderbar sommerlicher Shake mit einer Extraportion Karotin!

Zutaten für 2 Portionen

4 größere Aprikosen
½ Banane
250 ml Milch (1,5 % Fett)
etwas Zitronensaft

- Das Obst grob schneiden und zusammen mit Milch und Zitronensaft im Mixer fein pürieren.

Nährwerte pro Portion: 130 kcal, 5 g Eiweiß, 2 g Fett, 21 g Kohlenhydrate, 2 g Ballaststoffe, 0,08 g Linolsäure, 0 g Arachidonsäure, 0,03 g Ω-3-Fettsäuren

Beerige Buttermilch

Sommerfrucht-Smoothie

Herrlich erfrischend, auch Gäste lassen sich gerne einen Smoothie schmecken.

Zutaten für 2 Portionen

- 1 Tasse Himbeeren
- 1 Tasse Erdbeeren
- 1 Banane
- 1 Nektarine
- ½ Tasse zerstoßenes Eis
- Zucker
- 2 schöne Erdbeeren zum Dekorieren

- Himbeeren verlesen und Erdbeeren putzen. Das Obst mit dem Eis in den Mixer geben und 3 Min. mixen. Die Glasränder anfeuchten und in Zucker drücken. Den Frucht-Smoothie vorsichtig einfüllen, mit den Erdbeeren dekorieren.

Nährwerte pro Portion: 130 kcal, 2 g Eiweiß, 0 g Fett, 26 g Kohlenhydrate, 7 g Ballaststoffe, 0,17 g Linolsäure, 0 g Arachidonsäure, 0 g Ω-3-Fettsäuren

MEHR WISSEN

Smoothies – gesund, aber mit Vorbehalten

Der Begriff Smoothie (von smooth = glatt, sanft, weich) ist nicht geschützt, und so gibt es je nach Herstellungsart und Zutaten (siehe Zutatenliste) sehr unterschiedliche Produkte auf dem Markt. Sie werden überwiegend aus Obst (weniger aus Gemüse) hergestellt und enthalten im Vergleich zu Säften deutlich weniger Wasser und mehr Wirkstoffe. Hochwertige Smoothies bestehen mindestens zur Hälfte aus Mark, Püree oder stückigen Bestandteilen. Außer den Inhaltsstoffen, die fast ausschließlich in den äußeren Randschichten vorkommen, bleiben die Nährstoffe erhalten.
Weniger empfehlenswert sind Smoothies, die überwiegend aus Saft (Direktsaft oder Saft aus Konzentrat) hergestellt werden. Hier verbleiben viele wichtige Inhaltsstoffe wie Ballaststoffe und sekundäre Pflanzenstoffe im Pressrückstand und gehen somit verloren. Von Smoothies, die zusätzlich Zucker, Dickungsmittel, Aromastoffe und Vitamine enthalten, sollten Sie am besten die Finger lassen. Auch sind die sämigen Getränke nicht als Durstlöscher geeignet, denn der hohe Fruchtzuckergehalt liefert auch viel Energie. Also langsam genießen. Denken Sie daran, wie lange Sie brauchen, um zwei Orangen zu essen – und wie schnell ist die gleiche Menge getrunken?!

Alternative für unterwegs

Für all diejenigen, die Obst in seiner natürlichen Form nur selten essen, können Smoothies einen wichtigen Beitrag zur gesunden Ernährung leisten. Gerade für unterwegs oder wenn frische Produkte nicht verfügbar sind, dienen die Flaschen mit püriertem Obst als Alternative. Doch generell sind die im Ganzen verzehrten Früchte immer wertvoller.

Kalte und warme Kleinigkeiten

Schafskäsetaschen

Zutaten für 4 Stück

- 150 g Weizen-Vollkornmehl
- 1 Pr. Salz
- ¼ Würfel Hefe
- etwas Honig
- 90 ml lauwarmes Wasser
- ½ Zwiebel
- 1 Knoblauchzehe
- ½ rote Paprika
- 1 TL Olivenöl
- 125 g weicher Schafskäse
- 1–2 EL Joghurt (3,5 % Fett)
- 2 EL glatte Petersilie, gehackt

- Mehl und Salz mischen. Hefe mit Honig und warmem Wasser verrühren, das Mehl zugeben und alles 10 Min. kneten. Den Teig abgedeckt an einem warmen Ort gehen lassen, bis er sich verdoppelt hat. Zwiebel und Knoblauch fein hacken, Paprika in feine Würfel schneiden. Alles in Öl andünsten. Schafskäse zerdrücken, mit Joghurt, Gemüse und Petersilie mischen.
- Backofen auf 200 Grad vorheizen und eine mit Wasser gefüllte Fettpfanne unten in den Ofen stellen. Teig gut durchkneten, dünn ausrollen und in vier gleich große Stücke schneiden. Die Füllung auf die Mitte der Teigstücke verteilen, Ecken zusammenklappen, Ränder mit der Gabel andrücken und etwa 25 Min. backen.

Nährwerte pro Stück: 220 kcal, 11 g Eiweiß, 8 g Fett, 25 g Kohlenhydrate, 5 g Ballaststoffe, 0,72 g Linolsäure, 0 g Arachidonsäure, 0,17 g Ω-3-Fettsäuren

Pizzawaffeln

Zutaten für 4 Stück

- 2 Eier (Größe M)
- 60 g Margarine (ungehärtet)
- 125 g Weizen-Vollkornmehl
- ½ TL Backpulver
- 125 ml Gemüsebrühe
- ½ rote Paprika
- 8 schwarze Oliven, entsteint
- 30 g Bergkäse
- Oregano, getrocknet

- Die Eier trennen, das Eiklar zu steifem Schnee schlagen. Die Margarine schaumig rühren. Das mit Backpulver gemischte Mehl mit den Eidottern und der Brühe nach und nach unter die Margarine rühren. Den Eischnee unterziehen. Den Teig evtl. mit etwas Mineralwasser verdünnen.
- Paprika und Oliven in kleine Würfel schneiden, den Käse reiben. Alles unter den Teig rühren und mit Oregano würzen. Den Teig portionsweise im heißen Waffeleisen backen.

Nährwerte pro Stück: 320 kcal, 10 g Eiweiß, 22 g Fett, 20 g Kohlenhydrate, 4 g Ballaststoffe, 3,96 g Linolsäure, 0,03 g Arachidonsäure, 0,47 g Ω-3-Fettsäuren

Blattsalat mit Radieschen und Mais

Ein herzhafter Salat, abgerundet mit frischen Kräutern.

Zutaten für 2 Portionen

- 3 EL gemischte Kräuter (z. B. Petersilie, Pimpinelle, Schnittlauch, Zitronenmelisse)
- 1 Knoblauchzehe
- Salz
- 1 EL Apfelessig
- ½ EL Balsamico-Essig
- ½ TL Honig
- 2 EL Olivenöl
- ½ Kopf Eisbergsalat
- ½ Bund Radieschen
- 2 EL Gemüsemais

- Kräuter hacken, Knoblauch mit Salz zerdrücken. Für die Marinade Essig, Honig, Kräuter und den Knoblauch verrühren. Das Öl dazugeben und verrühren. Den Salat putzen, waschen, klein schneiden, die Radieschen hobeln und beides mit dem Mais und der Marinade mischen.

Nährwerte pro Portion: 145 kcal, 3 g Eiweiß, 11 g Fett, 9 g Kohlenhydrate, 4 g Ballaststoffe, 1,04 g Linolsäure, 0 g Arachidonsäure, 0,21 g Ω-3-Fettsäuren

MEHR WISSEN

Salat: gesund und gut

(Rohkost-)Salate sind ein wichtiger Bestandteil vollwertiger Ernährung. Zubereitet werden sie vor allem mit frischem Gemüse und Obst, aber auch mit Getreide, Sprossen und Kräutern.

- Der Energiegehalt ist in der Regel niedriger als der erhitzter Mahlzeiten. Es empfiehlt sich, einen Salatteller oder Obst als Vorspeise zu verzehren, sodass der Magen bereits etwas gefüllt ist, bevor Sie die meist energiereichere Hauptmahlzeit zu sich nehmen.
- Das Verhältnis von essenziellen Inhaltsstoffen zum Energiegehalt (die Nährstoffdichte) ist sehr günstig.
- Es entstehen keine Verluste durch Hitzeeinwirkung oder Auslaugen ins Kochwasser, somit bleiben alle Inhaltsstoffe in ihrer ursprünglichen Menge enthalten.
- Die physiologische Wirksamkeit der Ballaststoffe ist am größten, wenn sie nicht erhitzt wurden.
- Eine Fülle von Geschmacks-, Aroma- und Duftstoffen regen die Verdauungssäfte an.
- Auch durch intensives Kauen wird die Produktion von Verdauungssäften angeregt, das erste starke Hungergefühl besänftigt und die Zahngesundheit gefördert.

Die Inhaltsstoffe sind zum Teil sehr empfindlich, deshalb ist es besser, Salate möglichst unmittelbar vor der Mahlzeit zuzubereiten. Zuerst das Dressing rühren, dann die Lebensmittel zerkleinern und sofort unter die Sauce heben.

Blumenkohlsalat mit Apfel

Zutaten für 2 Portionen

50 g	Frischkäse mit Kräutern (Doppelrahmstufe)
50 g	Joghurt (0,1 % Fett)
1 EL	Zitronensaft, frisch gepresst
1 EL	Zwiebelwürfel
	Muskatnuss, frisch gerieben
¼	Blumenkohl
1	Apfel

- Für die Sauce Frischkäse, Joghurt und Zitronensaft verrühren. Die Zwiebeln dazugeben und mit Muskatnuss kräftig abschmecken.
- Blumenkohl und Apfel putzen, in das Dressing stifteln oder grob raspeln. Alle Zutaten miteinander mischen.

Variante: Statt des Blumenkohls können Sie auch die gleiche Menge Brokkoli verwenden.

Nährwerte pro Portion: 140 kcal, 6 g Eiweiß, 6 g Fett, 14 g Kohlenhydrate, 5 g Ballaststoffe, 0,31 g Linolsäure, 0 g Arachidonsäure, 0,23 g Ω-3-Fettsäuren

Feldsalat mit Birne

Zutaten für 2 Portionen

150 g	Joghurt (3,5 % Fett)
1–2 EL	Zitronensaft, frisch gepresst
½ TL	Senf (mittelscharf)
	Salz
	Curry
	Ingwer, frisch gerieben
½	Zwiebel
1	Birne
40 g	Bergkäse
150 g	Feldsalat

- Für das Dressing Joghurt, Zitronensaft, Senf und Gewürze verrühren. Die Zwiebel fein würfeln, Birne und Käse grob reiben. Zwiebel und Birne untermischen.
- Den Feldsalat waschen, trocken schütteln und vorsichtig unter das Dressing heben. Mit dem geriebenen Käse bestreuen.

Nährwerte pro Portion: 210 kcal, 11 g Eiweiß, 10 g Fett, 20 g Kohlenhydrate, 5 g Ballaststoffe, 0,42 g Linolsäure, 0 g Arachidonsäure, 0,24 g Ω-3-Fettsäuren

Chinakohlsalat mit gekeimtem Roggen

Jede Menge Vitalstoffe stecken in diesem knackigen Salat.

Zutaten für 2 Portionen

- 2 EL Zitronensaft, frisch gepresst
- Salz
- ½ TL Honig
- ½ TL Senf (mittelscharf)
- 2 EL Zwiebelwürfel
- 4 Zweige Thymian
- 2 EL Petersilie, gehackt
- 1 TL Basilikum, gehackt
- 2 EL Olivenöl
- 4 EL Roggenkeimlinge
- ½ kleiner Chinakohl
- 1 rote Paprika

- Für die Marinade Zitronensaft, Salz, Honig, Senf und Zwiebeln verrühren. Thymianblättchen abzupfen und mit den gehackten Kräutern unterrühren. Zum Schluss das Öl dazugeben.
- Den gekeimten Roggen abspülen, abtropfen lassen und mit der Marinade mischen. Chinakohl halbieren und in dünne Streifen, Paprika in Würfel schneiden. Das Gemüse unter die Marinade heben.

Nährwerte pro Portion: 180 kcal, 4 g Eiweiß, 11 g Fett, 16 g Kohlenhydrate, 6 g Ballaststoffe, 1,16 g Linolsäure, 0 g Arachidonsäure, 0,23 g Ω-3-Fettsäuren

MEHR WISSEN

Keimlinge und Sprossen

Im Samen ruhen alle lebensnotwendigen Inhaltsstoffe einer Pflanze. Werden Feuchtigkeit, Luft, Wärme und Licht zugeführt, dann kommt »Leben« in die Samen und sie keimen. Dabei werden zahlreiche Ab-, Um- und Aufbauprozesse in Gang gesetzt:

- Der Wassergehalt steigt und damit sinkt die Energiedichte (Kaloriengehalt pro 100 g).
- Kohlenhydrate, Fette und Eiweiße werden zum Teil abgebaut, die Sprossen sind dadurch bekömmlicher. Insbesondere bei Hülsenfrüchten kommt es weniger häufig zu Blähungen.
- Die Eiweißzusammensetzung verschiebt sich zugunsten der essenziellen Aminosäuren. Das bedeutet, dass der Körper diesen Proteinmix wesentlich besser verwerten kann.
- Die Bioverfügbarkeit von Mengen- und Spurenelementen wird durch den Abbau der Phytinsäure stark verbessert.
- Der Gehalt an Vitaminen nimmt um ein Vielfaches zu. Dies betrifft besonders die Vitamine B, C und E.
- Der Ballaststoffgehalt nimmt deutlich zu.

Alle Zutaten, die Sie benötigen, um frische Sprossen zu ziehen, erhalten Sie im Reformhaus oder im Bioladen.

Grünkernsalat

Schmeckt nussig und hält lange satt.

Zutaten für 2 Portionen

- 50 g Grünkern, ganz
- ½ Bund glatte Petersilie
- einige Basilikumblätter
- 2 Zweige Thymian
- 1 Knoblauchzehe
- 2 EL Zitronensaft, frisch gepresst
- 2 EL Olivenöl
- ½ gelbe Paprika
- ½ grüne Paprika
- 2 Tomaten
- 60 g Schafskäse

- Grünkern über Nacht in der doppelten Menge Wasser einweichen. Für die Marinade Kräuter und Knoblauch fein hacken, mit dem Zitronensaft verrühren. Öl dazugeben und verrühren.
- Den eingeweichten Grünkern abspülen, abtropfen lassen und unter die Marinade rühren. Paprika, Tomaten und Schafskäse würfeln. Das Gemüse mit dem Käse und dem Grünkern mischen.

Tipp

Der Grünkern wird weicher, wenn Sie ihn 30 Min. bei geringer Hitze köcheln lassen.

Nährwerte pro Portion: 290 kcal, 10 g Eiweiß, 17 g Fett, 24 g Kohlenhydrate, 6 g Ballaststoffe, 1,52 g Linolsäure, 0 g Arachidonsäure, 0,25 g Ω-3-Fettsäuren

MEHR WISSEN

Grünkern: herrlich nussig

Wird Dinkel in halbreifem Zustand, also grün, geerntet und anschließend gedorrt, spricht man von Grünkern. Der Grünkern hat einen herzhaft-würzigen Geschmack. Dinkel gehört botanisch zur Weizenfamilie. Er ist eine alte Kulturpflanze, die im Laufe des 20. Jahrhunderts an Bedeutung verloren hat, mittlerweile aber wieder vielfach verwendet wird. Seine harte Spelzhülle, die nach der Ernte mechanisch entfernt werden muss, dient als natürlicher Schadstofffilter. Dinkelmehl hat einen hohen Klebergehalt und eignet sich daher sehr gut zum Backen.

Möhrensalat mit Sesam

Ein schöner Salat zum Sattessen, der durchaus eine schnelle Mittagsmahlzeit ersetzt.

Zutaten für 2 Portionen

- 1–2 EL Zitronensaft, frisch gepresst
- ½ TL Honig
- Anis, gemahlen
- Fenchel, gemahlen
- Zimt, gemahlen
- 2 EL Sesam
- 2 EL Sesamöl
- 3 Möhren
- 1 Apfel

- Zitronensaft, Honig und die Gewürze verrühren. Den Sesam in einer trockenen Pfanne anrösten. Die Hälfte des Sesams sowie das Sesamöl zum Zitronensaft geben und cremig rühren.
- Möhren und Apfel in die Marinade raspeln oder stifteln. Den Salat gut durchmischen und mit dem restlichen Sesam bestreuen.

Nährwerte pro Portion: 220 kcal, 3 g Eiweiß, 16 g Fett, 17 g Kohlenhydrate, 7 g Ballaststoffe, 6,55 g Linolsäure, 0 g Arachidonsäure, 0,20 g Ω-3-Fettsäuren

MEHR WISSEN

Sesam – klein, aber fein

In einem Märchen aus 1001 Nacht öffnet sich mit der Zauberformel »Sesam öffne dich« die Schatzhöhle. Eine Fülle an Nährstoffen erwartet uns auch bei den kleinen Sesamsamen. Diese sind sehr wertvoll für die Versorgung mit Kalzium (780 mg/100 g), Magnesium (350 mg/100 g), Eisen (10 mg/100 g), Selen, Kieselsäure und Lezithin. Dank der natürlichen Antioxidanzien Sesamol und Sesamolin sind sie besonders haltbar. Bekannte Sesamprodukte sind beispielsweise Sesamöl, Tahin (Sesammus), Gomasio (gerösteter Sesam mit Meersalz und Gewürzen) und Halvah (türkisches Honig-Sesam-Konfekt). Gomasio bekommen Sie im Bioladen, Halvah und Tahin im türkischen Supermarkt.

Paprikasalat

Zutaten für 2 Portionen

1 Bund glatte Petersilie
1 Zweig Thymian
½ Zwiebel
1–2 EL Apfelessig
½ TL Honig
½ TL Meerrettich
Salz | Pfeffer, frisch gemahlen
2 EL Olivenöl
2 rote Paprika
1 Apfel

- Petersilie und Thymianblättchen hacken. Die Zwiebel fein würfeln. Für die Marinade Essig, Honig, Meerrettich, Salz und Pfeffer verrühren. Die gehackten Kräuter und die Zwiebeln dazugeben. Zum Schluss das Öl unterrühren.
- Paprika und Apfel in Würfel schneiden, zur Marinade geben und gut durchmischen.

Nährwerte pro Portion: 200 kcal, 3 g Eiweiß, 11 g Fett, 21 g Kohlenhydrate, 7 g Ballaststoffe, 1,35 g Linolsäure, 0 g Arachidonsäure, 0,18 g Ω-3-Fettsäuren

Sauerkrautsalat

Zutaten für 2 Portionen

250 g mildes Sauerkraut (roh, nicht pasteurisiert)
2 Scheiben frische Ananas
2 EL Petersilie, gehackt
½ TL Kümmel, gemahlen
2 EL Sonnenblumenöl
Kräutersalz
1 EL Kürbiskerne

- Sauerkraut auflockern und klein schneiden. Die Ananas klein würfeln. Das Sauerkraut mit den Ananasstücken, der Petersilie und dem Kümmel gut durchmischen.
- Öl über den Salat gießen und untermengen. Mit Kräutersalz abschmecken. Kürbiskerne in einer trockenen Pfanne anrösten und anschließend über den Salat streuen.

Nährwerte pro Portion: 200 kcal, 4 g Eiweiß, 13 g Fett, 15 g Kohlenhydrate, 6 g Ballaststoffe, 7,40 g Linolsäure, 0 g Arachidonsäure, 0,21 g Ω-3-Fettsäuren

Selleriesalat

Zutaten für 2 Portionen

2–3 EL Zitronensaft, frisch gepresst
1 EL Mandelmus
75 g Joghurt (1,5 % Fett)
½ TL Honig
1 Pr. Salz
½ Knolle Sellerie
1 süße Birne
1 EL Mandeln, gehackt

- Für das Dressing Zitronensaft, Mandelmus und Joghurt verrühren, mit Honig und Salz abschmecken. Sellerie schälen und mit der Birne reiben, dann mit dem Dressing vermischen.
- Zum Schluss die Mandeln über den Salat streuen.

Variation: So wird der Sellerie- zum Waldorfsalat: Ersetzen Sie Mandelmus und Mandeln durch gehackte Walnusskerne. Die süße Note kommt von Ananas- und Apfelwürfeln statt der Birne.

Nährwerte pro Portion: 210 kcal, 6 g Eiweiß, 12 g Fett, 20 g Kohlenhydrate, 8 g Ballaststoffe, 1,58 g Linolsäure, 0 g Arachidonsäure, 0,07 g Ω-3-Fettsäuren

Sojasprossensalat

Zutaten für 2 Portionen

½ Avocado
2 EL Zitronensaft, frisch gepresst
75 g Joghurt (1,5 % Fett)
½ Bund Petersilie
1 Knoblauchzehe
Kräutersalz
Pfeffer, frisch gemahlen
3 Champignons
4 EL Gemüsemais
125 g Sojasprossen

- Das Fruchtfleisch der Avocado mit Zitronensaft und Joghurt pürieren. Petersilie und Knoblauch fein hacken und zur Avocadocreme geben. Mit Kräutersalz und Pfeffer abschmecken.
- Pilze in Spalten schneiden und zusammen mit dem Mais und den Sprossen unter das Dressing mischen.

Tipp

Reife Avocados geben auf Fingerdruck leicht nach. Noch unreife Früchte können Sie bei Raumtemperatur nachreifen lassen– am besten wickeln Sie sie hierfür in Zeitungspapier.

Nährwerte pro Portion: 210 kcal, 8 g Eiweiß, 14 g Fett, 13 g Kohlenhydrate, 5 g Ballaststoffe, 1,35 g Linolsäure, 0 g Arachidonsäure, 0,49 g Ω-3-Fettsäuren

Selleriesalat

Herrliche Salatsaucen

Vinaigrette – der Klassiker

- besteht in der Regel aus zwei Teilen Öl und einem Teil Essig
- passt besonders gut zu Blattsalaten, Tomaten-, Gurken-, Möhren-, Kraut-, Bohnen- und Kartoffelsalat
- ist auch prima zum Marinieren geeignet

Zutaten für 2 Portionen

1 EL Apfelessig
Salz | Pfeffer, frisch gemahlen
¼ TL Honig
½ TL Senf (mittelscharf)
2 EL frische Kräuter, gehackt
1 EL Zwiebeln, gehackt
2 EL Öl

- Den Essig mit Salz, Pfeffer, Honig und Senf glatt rühren. Die Kräuter und die Zwiebeln unterrühren. Das Öl zugeben und mit einem Schneebesen verschlagen, bis die Sauce cremig wird.

Tipp

Statt der frischen Kräuter einfach TK-Kräuter verwenden, die es einzeln oder in verschiedenen Mischungen gibt. Statt Senf können Sie auch Meerrettich verwenden.

Nährwerte pro Portion: 100 kcal, 0 g Eiweiß, 10 g Fett, 2 g Kohlenhydrate, 0,3 g Ballaststoffe, 0,88 g Linolsäure, 0 g Arachidonsäure, 0,09 g Ω-3-Fettsäuren

Joghurtdressing

- schmeckt zu allen Blatt- und Gemüsesalaten
- Diese Sauce bekommt eine andere Geschmacksrichtung, wenn Sie anstelle des Joghurts Buttermilch, Dickmilch, Kefir oder Quark verwenden.
- Verfeinern Sie für eine süßliche Variante mit geriebenem Apfel oder zerdrückter Banane und ersetzen die frischen Kräuter durch Gewürze wie Anis, Curry oder Fenchel.
- Runden Sie für eine pikante Note einfach mit Zwiebeln, Knoblauch, Meerrettich oder Tomatenmark ab.

Zutaten für 2 Portionen

1 EL Apfelessig (oder Zitronensaft, frisch gepresst)
Salz | Pfeffer, frisch gemahlen
¼ TL Honig
75 g Joghurt (1,5 % Fett)
2 EL Kräuter, frisch gehackt

- Den Essig mit Salz, Pfeffer und Honig glatt rühren. Den Joghurt mit den Kräutern dazugeben und vermischen.

Nährwerte pro Portion: 25 kcal, 1 g Eiweiß, 1 g Fett, 3 g Kohlenhydrate, 0 g Ballaststoffe, 0,02 g Linolsäure, 0 g Arachidonsäure, 0,01 g Ω-3-Fettsäuren

Avocadodressing

- passt gut zu Blattsalat, Mischsalat, Sojasprossen und Tomaten

Zutaten für 2 Portionen

½	Avocado
75 g	Joghurt (1,5 % Fett)
2 EL	Zitronensaft, frisch gepresst
1	Schalotte
	Petersilie, gehackt
	Salz | Pfeffer, frisch gemahlen

- Das Fruchtfleich der Avocado mit dem Joghurt und dem Zitronensaft pürieren. Die Schalotte fein würfeln und zur Creme geben, mit Petersilie und Gewürzen abschmecken.

Tipp

Den feinen Geschmack haben nur vollreife Früchte, die auf Fingerdruck etwas nachgeben. Noch harte Avocados reifen bei Zimmertemperatur in einigen Tagen nach – am besten wickeln Sie sie hierfür in Zeitungspapier.

Nährwerte pro Portion: 160 kcal, 3 g Eiweiß, 14 g Fett, 5 g Kohlenhydrate, 2 g Ballaststoffe, 1,24 g Linolsäure, 0 g Arachidonsäure, 0,09 g Ω-3-Fettsäuren

Kartoffeldressing

- passt gut zu Blattsalaten (Kopf-, Eisberg-, Endivien-, Feldsalat)

Zutaten für 2 Portionen

150 g	gekochte Kartoffeln, geschält
100 ml	Milch, 1,5 % Fett
1–2 EL	Apfelessig
2 EL	Zwiebel, gewürfelt
1 TL	Senf
	Salz | Pfeffer, frisch gemahlen
	Muskatnuss, frisch gerieben

- Die gekochten Kartoffeln mit einer Gabel zerdrücken und mit Milch glatt rühren. Mit den anderen Zutaten vermengen und kräftig abschmecken.

Nährwerte pro Portion: 85 kcal, 4 g Eiweiß, 1 g Fett, 14 g Kohlenhydrate, 2 g Ballaststoffe, 0,07 g Linolsäure, 0 g Arachidonsäure, 0,03 g Ω-3-Fettsäuren

Gorgonzoladressing

- passt gut zu Blattsalaten, Blumenkohl oder Brokkoli, Staudensellerie

Zutaten für 2 Portionen

75 g	Gorgonzola
75 g	Joghurt (1,5 % Fett)
1–2 EL	Zitronensaft, frisch gepresst
	Salz | Pfeffer, frisch gemahlen
	etwas Salbei, getrocknet
	etwas Thymian, getrocknet

- Den Gorgonzola mit der Gabel zerdrücken. Den Joghurt und den Zitronensaft dazugeben und zu einer glatten Sauce verrühren. Mit Salz, Pfeffer und den getrockneten Kräutern abschmecken.

Nährwerte pro Portion: 160 kcal, 8 g Eiweiß, 12 g Fett, 3 g Kohlenhydrate, 0 g Ballaststoffe, 0,30 g Linolsäure, 0 g Arachidonsäure, 0,17 g Ω-3-Fettsäuren

Tomatensalat mit Kresse

Ein schöner Sommersalat mit vielen frischen Kräutern.

Zutaten für 2 Portionen

½	Zwiebel
½	Bund Petersilie
½	Bund Schnittlauch
	Basilikumblätter
	etwas Rosmarin
1 EL	Zitronensaft, frisch gepresst
½–1 EL	Balsamico-Essig
¼ TL	Honig
	Salz | Pfeffer, frisch gemahlen
2 EL	Olivenöl
5	Tomaten
½	Kästchen Kresse

- Zwiebel und frische Kräuter fein hacken. Zitronensaft mit Essig und Honig verrühren, Zwiebeln und Kräuter zugeben. Mit Salz und Pfeffer würzen. Das Öl zugießen und gut verrühren.
- Die Tomaten in Stücke schneiden und mit der Marinade mischen. Kresse abschneiden und über den Salat streuen.

Tipp

Kresse können Sie leicht selbst in Schalen auf der Fensterbank ziehen. Streuen Sie die Samen einfach auf feuchtes Küchenkrepp und halten Sie es weiter feucht. Nach etwa zwei Wochen können Sie Ihre eigene Kresse ernten.

Nährwerte pro Portion: 150 kcal, 3 g Eiweiß, 11 g Fett, 10 g Kohlenhydrate, 3 g Ballaststoffe, 1,14 g Linolsäure, 0 g Arachidonsäure, 0,14 g Ω-3-Fettsäuren

MEHR WISSEN

Kresse reinigt

In der Volksmedizin wird Kresse wegen ihrer reinigenden Wirkung auf die Harn- und Atemwege eingesetzt. Heute weiß man, dass schon 10 bis 40 g Kresse ausreichen, um in den ableitenden Harnwegen eine therapeutisch wirksame Konzentration an antibiotisch wirkenden Substanzen zu erzielen. Die dafür verantwortlichen scharfen Senföle sind sehr hitzeempfindlich. Schneiden Sie daher die Kresse mit einer Schere direkt auf die Salate, auf Quark oder Brot.

Gazpacho

Zutaten für 2 Portionen

½	altbackenes Vollkornbrötchen
3	Tomaten
150 g	Gurke
½	Paprika
1	Knoblauchzehe
250 ml	sehr kaltes Mineralwasser (ohne Kohlensäure)
2 TL	Essig
1 TL	Olivenöl
	Salz

- Das Brötchen in Wasser einweichen. Tomaten kurz mit kochendem Wasser überbrühen, häuten und die Stielansätze entfernen. Die Gurke schälen. Tomaten, Gurke und Paprika in Stücke schneiden, den Knoblauch hacken.
- Das Brötchen ausdrücken und zusammen mit dem zerkleinerten Gemüse im Mixer pürieren. Das Gemüsepüree in eine Schüssel füllen und das kalte Wasser mit dem Schneebesen unterrühren. Mit Essig, Öl und Salz abschmecken. Das Gazpacho gekühlt, jedoch nicht eiskalt servieren.

Tipp

Leicht und erfrischend an heißen Sommertagen.

Nährwerte pro Portion: 60 kcal, 2 g Eiweiß, 2 g Fett, 8 g Kohlenhydrate, 2 g Ballaststoffe, 0,35 g Linolsäure, 0 g Arachidonsäure, 0,05 g Ω-3-Fettsäuren

Kartoffelsuppe

Zutaten für 2 Portionen

4	Kartoffeln
50 g	Knollensellerie
1	Möhre
75 g	Lauch
½	Zwiebel
1 EL	Olivenöl
600 ml	Gemüsebrühe
	Salz | Pfeffer, frisch gemahlen
	Muskatnuss, frisch gerieben
	Majoran, getrocknet
2 EL	Petersilie, gehackt

- Kartoffeln und Sellerie schälen. Möhre, Kartoffeln und Sellerie in Würfel schneiden. Den Lauch halbieren und in Streifen schneiden, die Zwiebel fein würfeln. Das Öl erhitzen. Zuerst Zwiebel und Lauch darin andünsten, dann das andere Gemüse zugeben und mitdünsten.
- Mit der Gemüsebrühe aufgießen und rund 10 Min. köcheln lassen. Die Suppe mit den Gewürzen abschmecken. Kurz vor dem Servieren Petersilie über die Suppe streuen.

Tipp

Für eine Kartoffelcremesuppe pürieren Sie die Suppe nach dem Garen mit einem Pürierstab. Eventuell kurz vor dem Servieren 2 EL geschlagene Sahne unter die Suppe ziehen und dann erst mit Petersilie bestreuen.

Nährwerte pro Portion: 260 kcal, 6 g Eiweiß, 11 g Fett, 33 g Kohlenhydrate, 9 g Ballaststoffe, 3,83 g Linolsäure, 0 g Arachidonsäure, 0,15 g Ω-3-Fettsäuren

Tomatensuppe

Zutaten für 2 Portionen

- 750 g Tomaten
- 1 Zwiebel
- 1–2 Knoblauchzehen
- Basilikumblätter
- 4 Zweige Thymian
- 1 EL Olivenöl
- 1 EL Tomatenmark
- 2 Lorbeerblätter
- 100 ml Gemüsebrühe
- 2 Scheiben Vollkorn-Toastbrot
- Salz | Pfeffer, frisch gemahlen

- Tomaten in kleine Stücke, Zwiebel und Knoblauch in feine Würfel schneiden, die Kräuter hacken. Das Öl erhitzen, Zwiebel und Knoblauch darin goldgelb dünsten. Tomatenstücke, Tomatenmark und Lorbeerblätter dazugeben und alles aufkochen lassen.
- Die Kräuter und die Brühe zufügen und zugedeckt 15 Min. köcheln lassen. Die Lorbeerblätter aus der Suppe nehmen. Die Suppe fein pürieren und anschließend mit Salz und Pfeffer abschmecken. Das Brot toasten und in Würfel schneiden. Die Suppe in Tassen füllen und mit den Brotwürfeln garnieren.

Tipp

Achten Sie auf vollreife Tomaten. Die Suppe schmeckt dann besonders aromatisch. Ansonsten verwenden Sie lieber passierte Tomaten aus dem Tetrapack.

Nährwerte pro Portion: 190 kcal, 6 g Eiweiß, 7 g Fett, 24 g Kohlenhydrate, 6 g Ballaststoffe, 1,46 g Linolsäure, 0 g Arachidonsäure, 0,11 g Ω-3-Fettsäuren

Zwiebelsuppe

Zutaten für 2 Portionen

- 1 Gemüsezwiebel
- 1 EL Olivenöl
- 400 ml Gemüsebrühe
- 100 ml Weißwein (halbtrocken)
- 2 Scheiben Vollkorn-Toastbrot
- 40 g Bergkäse
- Honig
- Kräuter der Provence
- Salz | Pfeffer, frisch gemahlen

- Zwiebel halbieren und in Scheiben schneiden. Das Öl erhitzen und die Zwiebelscheiben darin goldgelb dünsten, dabei gelegentlich umrühren. Mit heißer Gemüsebrühe aufgießen, den Wein dazugeben und 10 Min. köcheln lassen.
- Das Brot toasten und in Würfel schneiden, den Käse reiben. Die Suppe mit Honig, Kräutern und Gewürzen abschmecken, nochmals 5 Min. garen. Die Suppe in 2 Tassen füllen. Brotwürfel und Käse über die Suppe geben und diese im Backofen überbacken, bis der Käse anfängt zu bräunen.

Nährwerte pro Portion: 280 kcal, 9 g Eiweiß, 15 g Fett, 18 g Kohlenhydrate, 4 g Ballaststoffe, 2,92 g Linolsäure, 0,01 g Arachidonsäure, 0,19 g Ω-3-Fettsäuren

Kürbiscremesuppe

Schnell, lecker, raffiniert: eine feine Sache für ungemütliche Herbsttage.

Zutaten für 2 Portionen

2	Kartoffeln
300 g	Kürbis (Fruchtfleisch)
2	Möhren
50 g	Lauch
1	Zwiebel
1 EL	Sonnenblumenöl
500 ml	Gemüsebrühe
1 EL	Kürbiskerne
	Salz | Pfeffer, frisch gemahlen
	Curry
	Zimt, gemahlen

- Die Kartoffeln schälen. Kürbisfruchtfleisch, Möhren und Kartoffeln grob würfeln. Den Lauch in dünne Streifen schneiden und die Zwiebel grob hacken. Das Öl erhitzen und Zwiebel sowie Lauch darin goldgelb dünsten.
- Vorbereitetes Gemüse dazugeben und kurz mitdünsten. Mit der Gemüsebrühe ablöschen, aufkochen und ca. 20 Min. köcheln lassen. Kürbiskerne in einer trockenen Pfanne anrösten. Die Suppe pürieren, mit Salz, Pfeffer, Curry und Zimt abschmecken. Mit den gerösteten Kürbiskernen bestreuen.

Tipp

In den ausgehöhlten Kürbis ein Gesicht schneiden, ein Teelicht hineinstellen – fertig ist die Tischdekoration.

Nährwerte pro Portion: 250 kcal, 7 g Eiweiß, 12 g Fett, 26 g Kohlenhydrate, 8 g Ballaststoffe, 7,10 g Linolsäure, 0 g Arachidonsäure, 0,20 g Ω-3-Fettsäuren

Kürbiscremesuppe

Ofenkartoffeln mit Leinölquark

Dieses Gericht ist besonders reich an den wichtigen Omega-3-Fettsäuren.

Zutaten für 2 Portionen

1 TL	Olivenöl
1–2 EL	Kümmel, ganz
600 g	Kartoffeln
250 g	Magerquark
5 EL	Milch (1,5 % Fett)
1 EL	Leinöl
3 EL	frische Kräuter, gehackt (z. B. Kerbel, Petersilie, Schnittlauch, Zitronenmelisse)
	Kräutersalz

- Backblech mit Öl einfetten und mit Kümmel bestreuen. Die Kartoffeln unter fließendem Wasser abbürsten, der Länge nach halbieren und mit der Schnittfläche auf das Blech setzen. 30 bis 40 Min. bei 200 Grad backen.
- Quark, Milch und Leinöl glatt rühren, die gehackten Kräuter zum Quark geben und mit Kräutersalz abschmecken. Die Ofenkartoffeln zum Leinölquark servieren.

Variante: Ersetzen Sie den Kümmel durch Sesam, Kräuter der Provence oder frischen Rosmarin.

Nährwerte pro Portion: 395 kcal, 25 g Eiweiß, 9 g Fett, 52 g Kohlenhydrate, 7 g Ballaststoffe, 1,05 g Linolsäure, 0 g Arachidonsäure, 2,77 g Ω-3-Fettsäuren

MEHR WISSEN

Leinöl – ein eigenwilliger Geschmack

Leinöl enthält 58 Prozent Alpha-Linolensäure (ALA), eine Omega-3-Fettsäure. Wird ALA regelmäßig eingenommen, wird die Bildung von Entzündungsbotenstoffen messbar gehemmt. Aufgrund des hohen Anteils an mehrfach ungesättigten Fettsäuren ist das Leinöl sehr wärme-, licht- und luftempfindlich. Es sollte daher im Kühlschrank aufbewahrt und innerhalb weniger Wochen verbraucht werden. Bei längerer Lagerung bekommt es einen ranzigen und bitteren Beigeschmack. Bekannt ist Leinöl in Kombination mit Quark (als Budwig-Creme) zu Pellkartoffeln. Durch seinen nussigen Geschmack verfeinert es aber auch Salate. Weitere gute Quellen für ALA sind Walnussöl, Weizenkeimöl, Raps- und Sojaöl.

Kartoffelsalat

Kartoffelsalat einmal ein bisschen anders: mit Äpfeln!

Zutaten für 2 Portionen

500 g	Kartoffeln, festkochend
½	Zwiebel
1 TL	Senf (mittelscharf)
2 EL	Gurkenwasser
50 ml	Gemüsebrühe
	Kräutersalz
	Pfeffer, frisch gemahlen
6	Cornichons
1	Apfel
3 EL	Schnittlauchröllchen
2 EL	Öl

- Kartoffeln als Pellkartoffeln kochen, abkühlen lassen, dann pellen und in Würfel schneiden. Zwiebel fein würfeln. Für die Marinade die Zwiebel mit Senf, Gurkenwasser und der heißen Brühe mischen.
- Die heiße Marinade über die Kartoffelwürfel gießen und mischen, mit Kräutersalz und Pfeffer würzen. Gewürzgurken halbieren und in Scheiben schneiden, den Apfel klein würfeln.
- Gurken, Apfel und Schnittlauch zu den Kartoffeln geben und untermischen. Zuletzt das Öl dazugeben. Den Salat vor dem Servieren gut durchziehen lassen.

Tipp

Öl immer zuletzt zufügen, damit sich die Gewürze richtig entfalten können. Kartoffelsalat ist bekömmlicher, wenn er am gleichen Tag verzehrt und nicht bis zum nächsten Tag aufbewahrt wird.

Nährwerte pro Portion: 320 kcal, 6 g Eiweiß, 11 g Fett, 46 g Kohlenhydrate, 8 g Ballaststoffe, 1,39 g Linolsäure, 0 g Arachidonsäure, 0,19 g Ω-3-Fettsäuren

Warme Hauptgerichte

Pellkartoffeln mit Grüner Sauce

Zutaten für 2 Portionen

- 500 g Kartoffeln
- 150 g Joghurt (3,5 % Fett)
- 150 g Sauerrahm (10 % Fett)
- 4 EL frische Kräuter, gehackt (7-Kräuter-Mischung aus: Borretsch, Kerbel, Kresse, Petersilie, Pimpinelle, Sauerampfer, Schnittlauch)
- 1 TL Senf (mittelscharf)
- 1 TL Zitronensaft, frisch gepresst
- Salz | Pfeffer, frisch gemahlen
- 2 Eier, hart gekocht (Größe M)
- Borretschblüten oder Kapuzinerkresse

- Kartoffeln als Pellkartoffeln kochen. Joghurt mit Sauerrahm glatt rühren und dann die Kräutermischung dazugeben. Mit Senf, Zitronensaft sowie Salz und Pfeffer abschmecken.
- Die Eier pellen, in Würfel schneiden und in die Sauce geben. Die Sauce mit den Blüten garnieren und zu den Kartoffeln reichen.

Tipp

Die Kräutermischung gibt es auch tiefgefroren.

Nährwerte pro Portion: 400 kcal, 17 g Eiweiß, 16 g Fett, 44 g Kohlenhydrate, 6 g Ballaststoffe, 0,90 g Linolsäure, 0,05 g Arachidonsäure, 0,40 g Ω-3-Fettsäuren

Überbackene Kartoffeln

Zutaten für 2 Portionen

- 500 g Kartoffeln
- 3 Zwiebeln
- 1 EL Olivenöl
- Salz | Pfeffer, frisch gemahlen
- 2 Thymianzweige (oder Majoran)
- 75 g Bergkäse
- Fett für die Form

- Kartoffeln als Pellkartoffeln kochen. Zwiebeln grob hacken und den Käse reiben. Das Öl erhitzen und die Zwiebeln darin goldgelb dünsten.
- Die gekochten Kartoffeln pellen, in Stücke schneiden und mit den Zwiebeln mischen. Mit Salz, Pfeffer und den Thymianblättchen würzen. In eine gefettete Auflaufform füllen und mit dem Käse bestreuen. Bei 200 Grad ca. 30 Min. überbacken.

Nährwerte pro Portion: 400 kcal, 17 g Eiweiß, 17 g Fett, 43 g Kohlenhydrate, 8 g Ballaststoffe, 0,92 g Linolsäure, 0 g Arachidonsäure, 0,23 g Ω-3-Fettsäuren

Spinatcannelloni

Ein bisschen aufwendiger, aber einfach unwiderstehlich gut!

Zutaten für 2 Portionen

500 g	TK-Blattspinat
3 EL	Sonnenblumenkerne
1	Zwiebel
1–2	Knoblauchzehen
1 EL	Olivenöl
1 EL	Sahne
	Salz | Pfeffer, frisch gemahlen
	Muskatnuss, frisch gerieben
2 EL	Margarine (ungehärtet)
2 EL	Vollkornmehl
250 ml	Milch (1,5 % Fett)
100 ml	Gemüsebrühe
8	Cannelloni

- Den Spinat auftauen lassen. Sonnenblumenkerne in einer trockenen Pfanne leicht anrösten. Zwiebel und Knoblauch fein hacken und im Öl andünsten, den Spinat ausdrücken und dazugeben. Die Hälfte der Sonnenblumenkerne sowie die Sahne zu der Spinatmasse geben. Mit Salz, Pfeffer und Muskat würzen.
- Die Margarine zerlassen, das Mehl darin anschwitzen, mit Milch und Gemüsebrühe ablöschen, ca. 3 Min. köcheln lassen. Den Boden einer Auflaufform mit etwas Sauce bedecken. Cannelloni mit Spinatmasse füllen, dicht nebeneinander in die Auflaufform legen und die restliche Spinatmasse darauf verteilen.
- Die Cannelloni mit der Sauce übergießen und den restlichen Kernen bestreuen. Bei 200 Grad ca. 40 Min. backen.

Nährwerte pro Portion: 545 kcal, 23 g Eiweiß, 28 g Fett, 49 g Kohlenhydrate, 15 g Ballaststoffe, 8,07 g Linolsäure, 0 g Arachidonsäure, 0,76 g Ω-3-Fettsäuren

Chili sin Carne

Die fleischlose Variante des Klassikers Chili con Carne!

Zutaten für 2 Portionen

- 200 g getrocknete Kidneybohnen
- 500 g Tomaten
- 2 Zwiebeln
- 1 EL Olivenöl
- 2 EL Tomatenmark
- gekörnte Gemüsebrühe
- 1 Knoblauchzehe
- 2 TL Oregano, getrocknet
- Chili, gemahlen
- Salz | Pfeffer, frisch gemahlen

- Kidneybohnen über Nacht in der 4-fachen Menge warmem Wasser einweichen. Am nächsten Tag die Bohnen im Einweichwasser ohne Salz ca. 60 Min. kochen (oder 20 Min. im Dampfdrucktopf).
- Tomaten mit kochendem Wasser überbrühen, häuten und achteln. Zwiebeln grob hacken. Zwiebeln im Öl goldgelb dünsten. Bohnen abtropfen lassen und dazugeben. Tomatenstücke sowie Tomatenmark zu den Bohnen geben, 15 Min. musig kochen und mit Gemüsebrühe, Knoblauch, Oregano, Chili, Salz und Pfeffer abschmecken.

Tipp

Schneller geht es mit 500 g abgetropften Kidneybohnen aus der Dose.

Nährwerte pro Portion: 290 kcal, 18 g Eiweiß, 7 g Fett, 37 g Kohlenhydrate, 18 g Ballaststoffe, 1,03 g Linolsäure, 0 g Arachidonsäure, 0,39 g Ω-3-Fettsäuren

SO WIRD'S GEMACHT

Hülsenfrüchte richtig zubereiten

Kaum ein pflanzliches Lebensmittel liefert so viel Eiweiß und Ballaststoffe wie Bohnen, Erbsen und Co. Beachten Sie bei der Zubereitung jedoch einige Grundregeln:

- Die Hülsenfrüchte vor dem Kochen gut 12 Stunden, also am besten über Nacht, einweichen (Ausnahme: Linsen).
- Die gewaschenen Hülsenfrüchte mit dem Einweichwasser garen.
- Geben Sie 1 TL Öl dazu, um die Schaumbildung während des Garens zu reduzieren.
- Hülsenfrüchte erst nach dem Kochen salzen, ansonsten bleiben sie hart.

Die Garzeit ist abhängig vom Alter der Samen und vom Härtegrad des Wassers. Garzeiten: Kichererbsen 90 Min., weiße Bohnen 90 Min., rote Bohnen 60 Min., braune Linsen 30 Min., rote Linsen 15 – 20 Min.

Gemüsesuppe mit Semmelklößchen

Nicht nur Kindern schmeckt diese feine Klößchensuppe!

Zutaten für 2 Portionen

3 EL	Margarine (ungehärtet)
6	geh. EL Semmelbrösel
1	Ei (Größe M)
	Salz | Pfeffer, frisch gemahlen
	Muskatnuss, frisch gerieben
1	Kartoffel
½	Zwiebel
1	Möhre
75 g	Lauch
800 ml	Gemüsebrühe
150 g	TK-Erbsen

- Für die Klößchen 2 EL Margarine cremig rühren und mit Semmelbrösel und Ei zu einem glatten Teig verarbeiten. Mit Salz, Pfeffer und Muskat abschmecken. Den Teig rund 15 Min. ruhen lassen.
- Die Kartoffel schälen. Zwiebeln fein, Möhren und Kartoffeln grob würfeln. Den Lauch in Streifen schneiden. 1 EL Margarine erhitzen und die Zwiebeln mit dem Lauch darin andünsten.
- Möhren und Kartoffeln zugeben, mit der Gemüsebrühe aufgießen und aufkochen lassen. Die Erbsen dazugeben und zugedeckt ca. 5 Min. köcheln lassen. Aus dem Teig acht kleine Klößchen formen, in die Suppe legen und ca. 10 Min. bei geringer Hitze ziehen lassen.

Variation: Variieren Sie das Gemüse je nach Jahreszeit und Geschmack: Zucchini, Staudensellerie, Pastinaken, Kohlrabi, grüne Bohnen, Blumenkohl usw.

Nährwerte pro Portion: 450 kcal, 15 g Eiweiß, 23 g Fett, 46 g Kohlenhydrate, 11 g Ballaststoffe, 7,52 g Linolsäure, 0,02 g Arachidonsäure, 0,48 g Ω-3-Fettsäuren

MEHR WISSEN

Zwiebeln – entzündungshemmende Wirkung

Die schwefelhaltigen ätherischen Öle, die uns beim Schälen und Schneiden der Zwiebeln die Tränen in die Augen treiben, haben die gleiche Reizwirkung auf alle inneren Schleimhäute und die Verdauungsdrüsen. Sulfide verflüchtigen sich allerdings recht schnell, deshalb sollten Sie Zwiebeln immer erst kurz vor der Verwendung schneiden und am besten roh essen. Die Zwiebel hat eine stark entzündungshemmende Wirkung.

Steckrübensuppe

Zutaten für 2 Portionen

¼	Steckrübe
2	Kartoffeln
1	Möhre
75 g	Lauch
1	Zwiebel
1 EL	Olivenöl
500 ml	Gemüsebrühe
1	Lorbeerblatt
	Salz | Pfeffer, frisch gemahlen
1 EL	Petersilie, gehackt

- Steckrübe und Kartoffeln schälen. Steckrübe, Kartoffeln und Möhre würfeln, den Lauch in dünne Streifen schneiden und die Zwiebel fein hacken. Das Öl erhitzen, Zwiebel und Lauch darin goldgelb andünsten, vorbereitetes Gemüse dazugeben und kurz mitdünsten.
- Die Gemüsebrühe angießen, Lorbeerblatt zugeben, aufkochen und ca. 20 Min. köcheln lassen. Mit Salz und Pfeffer abschmecken. Eventuell das Gemüse mit einem Kartoffelstampfer etwas stampfen. Gehackte Petersilie über die Suppe streuen.

Tipp

Die kleineren Steckrüben sind feiner im Geschmack.

Nährwerte pro Portion: 210 kcal, 6 g Eiweiß, 10 g Fett, 23 g Kohlenhydrate, 10 g Ballaststoffe, 3,28 g Linolsäure, 0 g Arachidonsäure, 0,19 g Ω-3-Fettsäuren

Sellerieschnitzel

Zutaten für 2 Portionen

1	Knolle Sellerie
1 EL	Zitronensaft
1	Ei
1 TL	Sojasauce
	Salz | Pfeffer, frisch gemahlen
	Paprika
	Oregano
50 g	Semmelbrösel
1 EL	Rapsöl

- Sellerie in etwa 1 cm dicke Scheiben schneiden und mit Zitronensaft beträufeln. In wenig Salzwasser 5 Min. bissfest garen. Das Ei in einem tiefen Teller mit der Sojasauce und den Gewürzen verquirlen. Die Semmelbrösel in einen zweiten tiefen Teller geben.
- Die abgetropften Selleriescheiben zuerst in dem Ei und dann in den Semmelbröseln wenden. Öl erhitzen und die panierten Scheiben darin goldbraun braten.

Beilage:

- Pellkartoffeln oder Kartoffelpüree und grüner Salat. Probieren Sie die Schnitzel auch mal aus Kohlrabi!

Nährwerte pro Portion: 230 kcal, 10 g Eiweiß, 9 g Fett, 26 g Kohlenhydrate, 12 g Ballaststoffe, 1,91 g Linolsäure, 0,03 g Arachidonsäure, 0,62 g Ω-3-Fettsäuren

Steckrübensuppe

Gemüseauflauf

Zutaten für 2 Portionen

- ½ Gemüsezwiebel
- 1 Aubergine
- 1 Zucchini
- 1 Tomate
- 3 gekochte Pellkartoffeln
- 1 EL Olivenöl
- 2 EL Margarine (ungehärtet)
- 2 EL Vollkornmehl
- 250 ml Milch (1,5 % Fett)
- 100 ml Gemüsebrühe
- Salz | Pfeffer, frisch gemahlen
- 1 Rosmarinzweig
- 5 Salbeiblätter
- 40 g Bergkäse, gerieben

- Das Gemüse in Scheiben schneiden. Die Auberginenscheiben von beiden Seiten in Öl braten. Für die Sauce die Margarine zerlassen, das Mehl darin anschwitzen, mit Milch und Gemüsebrühe ablöschen. Etwa 3 Min. köcheln lassen. Mit Salz und Pfeffer würzen.
- Eine Auflaufform mit etwas Sauce ausgießen und die Kartoffelscheiben einschichten, Kräuter daraufgeben. Das übrige Gemüse ziegelförmig darauf verteilen und mit der restlichen Sauce übergießen. Den Auflauf mit Käse bestreuen und 30 Min. bei 200 Grad überbacken.

Nährwerte pro Portion: 480 kcal, 19 g Eiweiß, 23 g Fett, 47 g Kohlenhydrate, 11 g Ballaststoffe, 3,40 g Linolsäure, 0 g Arachidonsäure, 0,51 g Ω-3-Fettsäuren

Hirsotto

Zutaten für 2 Portionen

- 1 Zwiebel
- 1 Knoblauchzehe
- 50 g Lauch
- 2 Möhren
- 1 EL Margarine (ungehärtet)
- 150 g Hirse, ganz
- 450 g Gemüsebrühe
- 1 Lorbeerblatt
- Salz | Pfeffer, frisch gemahlen
- 2 EL Petersilie, gehackt

- Zwiebel fein würfeln, Knoblauch pressen, den Lauch halbieren und in Streifen, die Möhren in kleine Würfel schneiden. Die Margarine erhitzen und das Gemüse darin andünsten. Hirse heiß abwaschen, dazugeben und einige Minuten mitdünsten.
- Mit heißer Gemüsebrühe aufgießen, Lorbeerblatt dazugeben und aufkochen lassen. Bei geschlossenem Deckel etwa 10 Min. leicht köcheln und 20 Min. nachquellen lassen. Mit Salz und Pfeffer abschmecken und mit Petersilie bestreuen.

Tipp

Hirse ist reich an Kieselsäure – gut für Haut, Haare und Nägel – und reich an Eisen.

Nährwerte pro Portion: 380 kcal, 10 g Eiweiß, 11 g Fett, 60 g Kohlenhydrate, 8 g Ballaststoffe, 4,57 g Linolsäure, 0 g Arachidonsäure, 0,25 g Ω-3-Fettsäuren

Grünkerneintopf

Zutaten für 2 Portionen

140 g	Grünkern, ganz
300 ml	Gemüsebrühe
½	Zwiebel
1	Paprika
2	Möhren
½	Zucchini
1 EL	Olivenöl
100 ml	Gemüsebrühe
25 g	Frischkäse mit Kräutern (Doppelrahmstufe)

- Den Grünkern mit der Gemüsebrühe aufkochen, 30 bis 40 Min. bei geringer Hitze weitergaren und 15 Min. nachquellen lassen. Zwiebel fein würfeln, Paprika in Stücke schneiden, Möhren und Zucchini vierteln und in Scheiben schneiden.
- Die Zwiebel im Öl andünsten, das restliche Gemüse zugeben und mitdünsten. Die Gemüsebrühe angießen und dann für ca. 10 Min. köcheln lassen. Das Getreide mit dem Gemüse und Frischkäse verrühren.

Tipp

Der gekochte Grünkern lässt sich auch gut mit anderem Gemüse kombinieren, z. B. auch mit Rotkohl oder Sauerkraut.

Nährwerte pro Portion: 385 kcal, 12 g Eiweiß, 14 g Fett, 53 g Kohlenhydrate, 13 g Ballaststoffe, 3,65 g Linolsäure, 0 g Arachidonsäure, 0,25 g Ω-3-Fettsäuren

Spitzkohleintopf

Zutaten für 2 Portionen

½	kl. Spitzkohl
4	Kartoffeln
1	Möhre
1	kleine Zwiebel
1 EL	Rapsöl
500 ml	Gemüsebrühe
1–2 TL	Kümmel, ganz
	Salz | Pfeffer, frisch gemahlen

- Spitzkohl in etwa 1 cm breite Streifen schneiden, Kartoffeln und Möhre schälen. Kartoffeln in Würfel und die Möhre in feine Streifen schneiden. Die Zwiebel fein würfeln.
- Das Öl erhitzen. Zuerst die Zwiebel darin andünsten, dann das vorbereitete Gemüse dazugeben und mitdünsten. Mit der Gemüsebrühe aufgießen, den Kümmel dazugeben und 10 bis 15 Min. köcheln lassen. Mit Salz und Pfeffer abschmecken.

Tipp

Spitzkohl ist bekömmlicher und schneller gar als Weißkohl. Wer den Geschmack von Kümmel mag, aber nicht auf die Körner beißen möchte, der lässt den Kümmel in einem Tee-Ei mitgaren.

Nährwerte pro Portion: 295 kcal, 10 g Eiweiß, 10 g Fett, 40 g Kohlenhydrate, 13 g Ballaststoffe, 4,06 g Linolsäure, 0 g Arachidonsäure, 0,68 g Ω-3-Fettsäuren

Gemüselasagne

Ein Klassiker, diesmal ganz ohne Fleisch!

Zutaten für 2 Portionen

50 g	Sellerie
2	Möhren
½	kl. Stange Lauch
1	rote Paprika
1	Zwiebel
1	Knoblauchzehe
1 TL	Olivenöl
	Salz | Pfeffer, frisch gemahlen
2 EL	Margarine (ungehärtet)
2 EL	Vollkornmehl
175 ml	Milch (1,5 % Fett)
175 ml	Gemüsebrühe
30 g	Parmesan am Stück
6	Lasagneplatten (eifrei)

- Sellerie schälen. Möhren, Sellerie, Lauch und Paprika klein schneiden. Zwiebel und Knoblauch fein hacken und im Öl goldgelb dünsten. Das Gemüse dazugeben und kurz mitdünsten. Mit Salz und Pfeffer würzen.
- Für die Sauce die Margarine zerlassen, das Mehl darin anschwitzen und unter Rühren mit Milch und Gemüsebrühe ablöschen. Danach etwa 3 Min. köcheln lassen. Den Käse reiben. Die Zutaten in eine feuerfeste Auflaufform wie folgt einschichten:
  - ¼ der Sauce, 2 Lasagneblätter, ½ Gemüsemasse,
  - ¼ der Sauce, 2 Lasagneblätter, ½ Gemüsemasse,
  - ¼ der Sauce, 2 Lasagneblätter, ¼ der Sauce, Käse.
- Bei 200 Grad rund 30 bis 40 Min. backen.

Nährwerte pro Portion: 455 kcal, 20 g Eiweiß, 19 g Fett, 50 g Kohlenhydrate, 15 g Ballaststoffe, 3,94 g Linolsäure, 0 g Arachidonsäure, 0,39 g Ω-3-Fettsäuren

Grünkernbratlinge

Zutaten für 6 Stück

100 g	Grünkern, ganz
200 ml	Gemüsebrühe
50 g	Lauch
1	Knoblauchzehe
75 g	Gouda
1	Ei (Größe M)
2 TL	Majoran, getrocknet
	Salz | Pfeffer, frisch gemahlen
1 EL	Paniermehl
2 EL	Olivenöl zum Braten

- Grünkern grob schroten und ohne Fettzugabe kurz in der Pfanne anrösten (nicht braun werden lassen). Mit heißer Gemüsebrühe ablöschen, aufkochen und 10 Min. nachquellen lassen. Lauch in feine Streifen schneiden, Knoblauch pressen und Käse reiben.
- Getreidemasse abkühlen lassen, Lauch, Knoblauch und Käse zusammen mit dem Ei unterkneten. Mit Majoran, Salz und Pfeffer kräftig abschmecken. Mit nassen Händen aus der Masse sechs Bratlinge formen, im Paniermehl wenden und in heißem Öl von beiden Seiten goldbraun braten.

Tipp

Die Bratlinge schmecken auch kalt sehr gut. Mit der Grünkernmasse können Sie auch Paprika füllen.

Nährwerte pro Bratling: 155 kcal, 7 g Eiweiß, 9 g Fett, 12 g Kohlenhydrate, 2 g Ballaststoffe, 1,02 g Linolsäure, 0,01 g Arachidonsäure, 0,13 g Ω-3-Fettsäuren

Grünkern-Kartoffel-Auflauf

Zutaten für 2 Portionen

1	Zwiebel
1 EL	Olivenöl
100 g	Grünkern, ganz
250 ml	Gemüsebrühe
450 g	Kartoffeln
1	Ei (Größe M)
150 ml	Milch (3,5 % Fett)
	Salz | Pfeffer, frisch gemahlen
	Muskatnuss, frisch gerieben
	Olivenöl für die Form

- Zwiebel grob hacken und im Öl goldgelb dünsten. Den Grünkern zugeben. Mit der Gemüsebrühe ablöschen und einmal kurz aufkochen lassen. Die Getreidekörner etwa 30 Min. bei geringer Hitze weitergaren, danach etwa 15 Min. nachquellen lassen.
- Die Kartoffeln schälen. Ei und Milch verquirlen und die Kartoffeln grob in die Eiermilch reiben. Mit Salz, Pfeffer und Muskat kräftig würzen. Eine Auflaufform dünn mit Öl einfetten. Die Hälfte der Kartoffelmasse einfüllen, den Grünkern darüber geben und mit der übrigen Kartoffelmasse bedecken. Bei 200 Grad 45 Min. backen.

Nährwerte pro Portion: 490 kcal, 17 g Eiweiß, 15 g Fett, 71 g Kohlenhydrate, 11 g Ballaststoffe, 2,81 g Linolsäure, 0,03 g Arachidonsäure, 0,27 g Ω-3-Fettsäuren

Grünkernbratlinge

Ratatouille

Zutaten für 2 Portionen

500 g Tomaten
1 Aubergine
1 Zucchini
1 rote Paprika
2 Zwiebeln
2 Knoblauchzehen
2 EL Olivenöl
1 Lorbeerblatt
2 Rosmarinzweige
2 Thymianzweige
Kräutersalz
Pfeffer, frisch gemahlen

- Tomaten mit kochendem Wasser überbrühen, häuten und achteln. Aubergine und Zucchini grob würfeln, Paprika in Streifen schneiden. Die Zwiebeln grob, den Knoblauch fein würfeln. Das Öl erhitzen, Zwiebeln und Knoblauch darin andünsten.
- Das vorbereitete Gemüse mit den Kräutern zugeben und verrühren. Mit Kräutersalz und Pfeffer würzen. Das Gemüse aufkochen und zugedeckt bei geringer Hitze ca. 30 Min. schmoren lassen.

Beilage: Ofenkartoffeln, Pellkartoffeln oder Naturreis.

Nährwerte pro Portion: 210 kcal, 8 g Eiweiß, 12 g Fett, 18 g Kohlenhydrate, 11 g Ballaststoffe, 1,43 g Linolsäure, 0 g Arachidonsäure, 0,28 g Ω-3-Fettsäuren

Hirse-Champignon-Auflauf

Zutaten für 2 Portionen

250 ml Gemüsebrühe
125 g Hirse, ganz
1 Lorbeerblatt
200 g Champignons
100 g Zucchini
½ Zwiebel
1 EL Rapsöl
1 Ei (Größe M)
75 ml Milch (1,5 % Fett)
Salz | Pfeffer, frisch gemahlen
2 EL Petersilie, gehackt

- Die Brühe zum Kochen bringen und die heiß abgewaschene Hirse mit dem Lorbeerblatt dazugeben, aufkochen und ca. 20 Min. weiter köcheln lassen. Pilze und Zucchini jeweils halbieren und in dünne Scheiben schneiden.
- Zwiebel würfeln und in Öl andünsten, Gemüse zugeben und mitdünsten. Ei mit der Milch verquirlen, mit Salz und Pfeffer würzen. Hirse mit dem Gemüse und der Petersilie mischen, in eine Auflaufform geben und mit der verquirlten Milch übergießen. Ca. 30 Min. bei 200 Grad überbacken.

Nährwerte pro Portion: 380 kcal, 15 g Eiweiß, 14 g Fett, 49 g Kohlenhydrate, 6 g Ballaststoffe, 3,78 g Linolsäure, 0,03 g Arachidonsäure, 0,85 g Ω-3-Fettsäuren

Ratatouille

Rosenkohlauflauf

Zutaten für 2 Portionen

450 g Rosenkohl
80 g weicher Schafskäse
100 ml Milch (1,5 % Fett)
1 Ei (Größe M)
Salz | Pfeffer, frisch gemahlen
2 Thymianzweige

- Rosenkohl in kochendem Wasser ca. 10 Min. garen, abgießen, gut abtropfen lassen und in eine Auflaufform geben. Für den Guss den Schafskäse zerdrücken und mit Milch, dem Ei und den Gewürzen verquirlen und dann über den Rosenkohl gießen. Den Auflauf 30 Min. bei 200 Grad überbacken.

Tipp

Anstelle von Rosenkohl eignen sich auch Zucchini- und Kohlrabischeiben oder Paprikastreifen.

Nährwerte pro Portion: 240 kcal, 22 g Eiweiß, 12 g Fett, 10 g Kohlenhydrate, 10 g Ballaststoffe, 0,61 g Linolsäure, 0,03 Arachidonsäure, 0,59 g Ω-3-Fettsäuren

Vegetarischer Linseneintopf

Zutaten für 2 Portionen

150 g Linsen
1 Lorbeerblatt
1 Bund Suppengrün
3 Kartoffeln
1 EL Rapsöl
½ TL Salz
Pfeffer, frisch gemahlen
Apfelessig

- Linsen in stehendem kalten Wasser waschen, dabei die oben schwimmenden Kerne entfernen. Linsen mit dem Lorbeerblatt in 500 ml Wasser aufkochen und ca. 30 Min. köcheln lassen (noch nicht salzen!).
- Suppengrün putzen, Kartoffeln schälen. Möhren, Sellerie und Kartoffeln würfeln, Lauch in Streifen schneiden. Im heißen Öl anbraten. Die Linsen mit der Kochflüssigkeit dazugeben und ca. 30 Min. köcheln lassen. Den Eintopf mit Salz, Pfeffer und Essig kräftig abschmecken.

Variante: Für Nicht-Vegetarier ergänzen Sie den Eintopf pro Person entweder mit 60 g gewürfeltem rohen Schinken (plus 80 kcal, 13 g Eiweiß, 3 g Fett, 0 g Kohlenhydrate, 0,25 g Linolsäure, 0,04 g Arachidonsäure, 0,04 g Ω-3-Fettsäuren) oder mit 1 Paar Würstchen (plus 285 kcal, 15 g Eiweiß, 25 g Fett, 0 g Kohlenhydrate, 2,54 g Linolsäure, 0,05 g Arachidonsäure, 0,21 g Ω-3-Fettsäuren)

Nährwerte pro Portion: 425 kcal, 24 g Eiweiß, 7 g Fett, 65 g Kohlenhydrate, 19 g Ballaststoffe, 1,82 g Linolsäure, 0 g Arachidonsäure, 0,67 g Ω-3-Fettsäuren

Sauerkrautauflauf mit Kidneybohnen

Eine zunächst untypische Kombination aus Bohnen, Sauerkraut und Apfel, die aber wirklich lecker ist!

Zutaten für 2 Portionen

150 g Kidneybohnen, getrocknet
Salz oder gekörnte Gemüsebrühe
1 Zwiebel
50 g Hartkäse (30 % Fett i. Tr.)
1 Scheibe Pumpernickel
1 EL Olivenöl
250 g Sauerkraut (roh, nicht pasteurisiert)
1 Apfel
1 EL Sahne
Fett für die Form

- Kidneybohnen über Nacht in der 4-fachen Menge warmem Wasser einweichen. Am nächsten Tag die Bohnen im Einweichwasser ohne Salz 60 Min. kochen, danach mit Salz oder Gemüsebrühe würzen.
- Zwiebel fein würfeln, Käse reiben und das Brot zerkrümeln. Das Öl erhitzen und die Zwiebeln darin glasig dünsten. Abgetropfte Bohnen mit der Zwiebel mischen und in eine gefettete Auflaufform geben.
- Sauerkraut samt Flüssigkeit erhitzen (evtl. etwas Wasser zugeben), Apfel reiben und zusammen mit der Sahne zum Kraut geben. Sauerkraut 15 Min. garen und dann über die Bohnen schichten. Brotkrumen und geriebenen Käse mischen und über den Auflauf streuen. Bei 200 Grad 20 Min. überbacken.

Tipp

Salz verhindert das Ausquellen der Bohnen, daher immer erst nach dem Kochen dazugeben, sonst werden die Bohnen nicht richtig weich. Mit Kidneybohnen aus der Dose geht es schneller – Sie benötigen dann 375 g.

Nährwerte pro Portion: 395 kcal, 25 g Eiweiß, 15 g Fett, 39 g Kohlenhydrate, 19 g Ballaststoffe, 1,12 g Linolsäure, 0 g Arachidonsäure, 0,54 g Ω-3-Fettsäuren

Polentaschnitten

Polenta ist vielfach variierbar. Und hier stellen wir Ihnen gebratene Schnitten vor!

Zutaten für 2 Portionen

- 325 ml Gemüsebrühe
- 100 g Maisgrieß
- ½ Gemüsezwiebel
- 1 Paprikaschote
- 2 Tomaten
- 1 EL Olivenöl
- 2 EL Tomatenmark
- 3 EL Gemüsemais
- Salz | Pfeffer, frisch gemahlen
- Paprikapulver, edelsüß
- 1 EL Olivenöl zum Braten

- Gemüsebrühe zum Kochen bringen, den Maisgrieß unter ständigem Rühren einstreuen und kurz aufkochen lassen. Zugedeckt auf der ausgeschalteten Herdplatte ca. 20 Min. quellen lassen. Die Polenta 2 cm dick auf ein kalt abgespültes Brettchen streichen und erkalten lassen.
- Zwiebel in Scheiben, Paprika in Streifen schneiden und die Tomaten achteln. Öl erhitzen und die Zwiebel darin glasig dünsten. Tomaten, Paprika, Tomatenmark und Mais zu der Zwiebel geben und etwa 10 Min. bei geschlossenem Deckel schmoren lassen. Mit Salz, Pfeffer und Paprika kräftig abschmecken.
- Die Polenta in vier Stücke schneiden und in heißem Fett goldbraun braten. Zusammen mit dem Gemüse servieren.

Tipp

Die Polentaschnitten können Sie auch gut mit einer herzhaften Pilzpfanne kombinieren.

Nährwerte pro Portion: 385 kcal, 10 g Eiweiß, 14 g Fett, 53 g Kohlenhydrate, 10 g Ballaststoffe, 3,25 g Linolsäure, 0 g Arachidonsäure, 0,15 g Ω-3-Fettsäuren

Gefüllte Zucchini mit Tomatensauce

Zutaten für 2 Portionen

75 g Grünkern, ganz
150 ml Gemüsebrühe
2 Zucchini
½ Zwiebel
1 Knoblauchzehe
40 g Hartkäse (30 % Fett i. Tr.)
1 TL Öl
2 EL Kürbiskerne
Salz | Pfeffer, frisch gemahlen
Majoran, getrocknet

- Grünkern grob schroten und ohne Fett kurz in der Pfanne anrösten (nicht braun werden lassen). Mit der Gemüsebrühe ablöschen, aufkochen und 10 Min. quellen lassen. Zucchini längs halbieren, aushöhlen und das Fruchtfleisch fein hacken. Zwiebel und Knoblauch fein würfeln, Käse reiben.
- Gemüse und Kürbiskerne in Öl andünsten. Die Getreidemasse mit dem Gemüse mischen und mit den Gewürzen kräftig abschmecken. Die Zucchinihälften mit der Masse füllen, mit Käse bestreuen. Die Tomatensauce (siehe rechts) in eine Auflaufform geben und die gefüllten Zucchini hineinsetzen. 30 Min. bei 200 Grad überbacken.

Nährwerte pro Portion: 330 kcal, 18 g Eiweiß, 15 g Fett, 31 g Kohlenhydrate, 7 g Ballaststoffe, 4,05 g Linolsäure, 0 g Arachidonsäure, 0,38 g Ω-3-Fettsäuren

Tomatensauce

Zutaten für 2 Portionen

550 g Tomaten
1 EL Olivenöl
1 Zwiebel
1–2 Knoblauchzehen
1 EL Tomatenmark
einige Basilikumblätter
Salz | Pfeffer, frisch gemahlen

- Tomaten mit kochendem Wasser überbrühen, häuten und in kleine Stücke schneiden. Zwiebel und Knoblauch in Würfel schneiden, die Basilikumblätter hacken.
- Zwiebeln und Knoblauch im Öl goldgelb dünsten. Tomatenstücke und Tomatenmark dazugeben, aufkochen und bei geringer Hitze schmoren lassen. Die Tomatensauce mit Basilikum, Salz und Pfeffer abschmecken.

Tipp

Die Tomatensauce kann auch zu Vollkornnudeln, Naturreis oder den Grünkern-Bratlingen (S. 126) serviert werden.

Nährwerte pro Portion: 110 kcal, 4 g Eiweiß, 6 g Fett, 11 g Kohlenhydrate, 4 g Ballaststoffe, 0,74 g Linolsäure, 0 g Arachidonsäure, 0,06 g Ω-3-Fettsäuren

Gefüllte Zucchini mit Tomatensauce

VEGETARISCH GRILLEN

Fleischlos in die Grillsaison

Gegrillter Feta

Zutaten für 2 Portionen

2–4 getrocknete Tomaten
1 Knoblauchzehe
1 TL Olivenöl
Kräuter der Provence
200 g Feta
Alufolie

- Tomaten ca. 2 Stunden in Wasser einweichen. Den Knoblauch fein würfeln, mit Öl und Kräutern verrühren. Käse halbieren und die Scheiben einzeln auf Alufolie legen, die Knoblauchwürfel mit dem Öl gleichmäßig darauf verteilen.
- Tomaten ausdrücken und auf den Käse legen. Den Käse mit der Alufolie verschließen, etwa 10 bis 15 Min. grillen, dann aus der Folie nehmen und sofort servieren.

Nährwerte pro Portion: 275 kcal, 18 g Eiweiß, 21 g Fett, 2 g Kohlenhydrate, 1 g Ballaststoffe, 0,79 g Linolsäure, 0 g Arachidonsäure, 0,40 g Ω-3-Fettsäuren

Obstspieße

Zutaten für 4 Spieße

1 Banane
2 Kiwis
1 Pfirsich
8 Erdbeeren
4 Schaschlikspieße

- Banane in Scheiben, Kiwis und Pfirsich in Stücke schneiden. Das Obst abwechselnd auf 4 Spieße stecken. Unter mehrmaligem Wenden etwa 3 Min. von jeder Seite grillen.

Tipp

Die Spieße sind auch roh sehr lecker.

Nährwerte pro Spieß: 80 kcal, 1 g Eiweiß, 0 g Fett, 16 g Kohlenhydrate, 4 g Ballaststoffe, 0,14 g Linolsäure, 0 g Arachidonsäure, 0,05 g Ω-3-Fettsäuren

Fischspieße

Zutaten für 4 Spieße

250 g Fischfilet
1 TL Zitronensaft, frisch gepresst
Salz | Pfeffer, frisch gemahlen
1 rote Paprika
2 Tomaten
1 Zucchini
2 EL Olivenöl
1 EL Kräuteressig
1 EL Sojasauce
Kräuter der Provence
4 Schaschlikspieße

- Das Fischfilet in zwölf Stücke schneiden, mit Zitronensaft beträufeln und dann salzen. Paprika und Tomaten in Stücke, die Zucchini in Scheiben schneiden. Abwechselnd Fischwürfel, Paprika- und Tomatenstücke sowie die Zucchinischeiben auf vier Spieße stecken.
- Aus Öl, Essig, Sojasauce, Pfeffer und Kräutern eine Marinade rühren. Die Fischspieße von beiden Seiten bestreichen und 1 Stunde im Kühlschrank durchziehen lassen. Die Spieße 6 Min. von jeder Seite grillen.

Nährwerte pro Spieß: 150 kcal, 14 g Eiweiß, 8 g Fett, 6 g Kohlenhydrate, 3 g Ballaststoffe, 0,75 g Linolsäure, 0,07 g Arachidonsäure, 0,58 g Ω-3-Fettsäuren

Gemüsespieße

Zutaten für 4 Spieße

1 Zucchini
1 rote Paprika
½ Gemüsezwiebel
8 kleine Champignons
8 Cocktailtomaten
2 EL Olivenöl
1 TL Sojasauce
Kräuter der Provence
4 Schaschlikspieße

- Zucchini in Scheiben, Paprika und Gemüsezwiebel in Stücke schneiden. Das Öl mit der Sojasauce und den Kräutern verrühren. Die Sauce über das Gemüse geben, mischen und durchziehen lassen, dabei ab und zu mischen.
- Das Gemüse abwechselnd auf vier Spieße stecken. Die Spieße etwa 6 Min. von jeder Seite grillen.

Tipp

Achten Sie auf gleich große Stücke, damit die Spieße gleichmäßig aufliegen.

Nährwerte pro Spieß: 90 kcal, 3 g Eiweiß, 6 g Fett, 7 g Kohlenhydrate, 4 g Ballaststoffe, 0,67 g Linolsäure, 0 g Arachidonsäure, 0,17 g Ω-3-Fettsäuren

Fischspieße

Fischragout mit Vollkornreis

Zutaten für 2 Portionen

100 g Naturreis
125 g Lachsfilet
75 g Rotbarschfilet
1 TL Zitronensaft, frisch gepresst
Salz | Pfeffer, frisch gemahlen
½ Zwiebel
75 g Lauch
100 g Champignons
1 EL Olivenöl
100 g Sojasprossen
250 ml Gemüsebrühe
1 EL Weizen-Vollkornmehl
1 TL Sojasauce

- Reis nach Packungsanweisung garen. Fischfilets kalt abspülen und mit Küchenkrepp trocken tupfen. Danach in Würfel schneiden, mit Zitronensaft beträufeln und salzen. Zwiebel fein würfeln, den Lauch in Streifen und die Pilze in kleine Stücke schneiden.
- Fisch in Öl anbraten und herausnehmen. Zwiebel und Lauch andünsten. Champignons und Sprossen hinzufügen. Gemüsebrühe angießen und bei geschlossenem Deckel 10 Min. leicht köcheln lassen. Ragout mit Mehl bestäuben und verrühren. Fisch vorsichtig unterheben, mit Salz, Pfeffer und Sojasauce abschmecken.

Nährwerte pro Portion: 440 kcal, 29 g Eiweiß, 15 g Fett, 48 g Kohlenhydrate, 6 g Ballaststoffe, 2,40 g Linolsäure, 0,06 g Arachidonsäure, 1,51 g Ω-3-Fettsäuren

Lachs im Zucchinibett

Zutaten für 2 Portionen

400 g Zucchini
1 Knoblauchzehe
10 schwarze Oliven, entsteint
Salz | Pfeffer, frisch gemahlen
200 g Lachsfilet
1 EL Zitronensaft, frisch gepresst
1 TL Olivenöl
1 EL Dill, gehackt

- Zucchini grob stifteln, Knoblauch fein würfeln und die Oliven vierteln. Miteinander mischen und mit Salz und Pfeffer würzen. Den Fisch kalt abspülen und mit Küchenkrepp trocken tupfen. Danach mit Zitronensaft beträufeln, mit Salz und Pfeffer würzen.
- Das Gemüse in eine ausgefettete Auflaufform füllen und den Lachs darauflegen. Im vorgeheizten Backofen 15 bis 20 Min. bei 200 Grad garen, evtl. die Form nach der Hälfte der Garzeit abdecken. Vor dem Servieren mit Dill bestreuen.

Nährwerte pro Portion: 305 kcal, 22 g Eiweiß, 20 g Fett, 7 g Kohlenhydrate, 3 g Ballaststoffe, 1,37 g Linolsäure, 0,03 g Arachidonsäure, 1,64 g Ω-3-Fettsäuren

Eingelegte Heringe Hausfrauenart

Zutaten für 2 Portionen

2	Zwiebeln
1	Apfel
120 g	Gewürzgurken
150 g	Joghurt (3,5 % Fett)
150 g	saure Sahne
10	Wacholderbeeren
3	Lorbeerblätter
	Pfeffer, frisch gemahlen
2	Matjesfilets (ca. 160 g)

- Zwiebeln in Ringe schneiden. Apfel und Gewürzgurken fein würfeln. Zwiebeln in wenig Wasser bissfest dünsten, herausnehmen und abkühlen lassen. Joghurt und saure Sahne glatt rühren, Apfel, Gurken und Zwiebeln unterrühren. Wacholderbeeren und Lorbeerblätter dazugeben, mit Pfeffer würzen.
- Die Matjesfilets unter kaltem Wasser abspülen, mit Küchenpapier trocken tupfen und in die Sauce einlegen. Einen Tag in der Sauce ziehen lassen, dabei mehrmals wenden.

Beilage: Pellkartoffeln.

Nährwerte pro Portion: 370 kcal, 21 g Eiweiß, 23 g Fett, 17 g Kohlenhydrate, 3 g Ballaststoffe, 0,60 g Linolsäure, 0,07 g Arachidonsäure, 1,98 g Ω-3-Fettsäuren

Fischfilet auf Gemüse

Zutaten für 2 Portionen

2	Möhren
100 g	Sellerie
100 g	Blumenkohl
1	kleine Stange Lauch
200 g	Kabeljaufilet
1 EL	Zitronensaft
	Salz
2	Tomaten
1 EL	frische Kräuter, gehackt

- Möhren, Sellerie und Blumenkohl klein schneiden, Lauch halbieren und in Streifen schneiden. Den Fisch kalt abspülen, trocken tupfen, mit Zitronensaft beträufeln und salzen. Die Tomaten in Scheiben schneiden.
- Das Gemüse in einen Bratschlauch geben, das Fischfilet und dann die Tomaten darauflegen. Mit den Kräutern bestreuen. Die Folie verschließen und mehrmals einstechen. Den Beutel auf den kalten Rost legen und in den vorgeheizten Backofen schieben. 30 Min. bei 200 Grad garen.

Nährwerte pro Portion: 160 kcal, 25 g Eiweiß, 2 g Fett, 10 g Kohlenhydrate, 8 g Ballaststoffe, 0,32 g Linolsäure, 0,02 g Arachidonsäure, 0,43 g Ω-3-Fettsäuren

Eingelegte Heringe Hausfrauenart

Lachslasagne

Diese Lasagne mit Lachs ist besonders reich an Omega-3-Fettsäuren.

Zutaten für 2 Portionen

300 g	Blattspinat, geputzt (oder 200 g Blattspinat und 100 g junge Brennnesselspitzen)
1	Zwiebel
1	Knoblauchzehe
1 EL	Olivenöl
	Salz | Pfeffer, frisch gemahlen
	Muskatnuss, frisch gerieben
2 EL	Margarine (ungehärtet)
2 EL	Vollkornmehl
175 ml	Milch (1,5 % Fett)
175 ml	Gemüsebrühe
200 g	Lachsfilet
30 g	Parmesan am Stück
6	Vollkorn-Lasagneplatten (eifrei)

- Spinat kurz blanchieren und abtropfen lassen. Zwiebel und Knoblauch fein hacken und im Öl goldgelb dünsten. Den Spinat dazugeben und kurz mitdünsten. Mit Salz, Pfeffer und Muskat würzen.
- Für die Sauce die Margarine zerlassen, das Mehl darin anschwitzen und unter Rühren mit Milch und Gemüsebrühe ablöschen. Danach etwa 3 Min. köcheln lassen. Das Lachsfilet in Streifen schneiden und den Käse reiben.
- Die Zutaten in eine feuerfeste Form schichten wie folgt:
  - ¼ der Sauce, 2 Lasagneblätter, ½ Spinatmasse, Lachs,
  - ¼ der Sauce, 2 Lasagneblätter, ½ Spinatmasse,
  - ¼ der Sauce, 2 Lasagneblätter, ¼ der Sauce, Parmesan.

  Bei 200 Grad 30 bis 40 Min. backen.

Tipp

Die Lasagneblätter müssen immer mit Sauce bedeckt sein, sonst bleiben sie hart. Anstelle des frischen Spinats können Sie auch TK-Spinat verwenden.

Nährwerte pro Portion: 595 kcal, 40 g Eiweiß, 28 g Fett, 46 g Kohlenhydrate, 12 g Ballaststoffe, 4,05 g Linolsäure, 0,03 g Arachidonsäure, 1,86 g Ω-3-Fettsäuren

Rotbarschfilet unter Senfhaube

Hmm, unter der Senfhaube bleibt der Rotbarsch besonders saftig!

Zutaten für 2 Portionen

500 g	kleine Kartoffeln
3	Tomaten
	Salz | Pfeffer, frisch gemahlen
½ TL	Kräuter der Provence
2	Frühlingszwiebeln
1	Eiweiß
2 EL	körniger Senf
2	Rotbarschfilets
1 EL	Olivenöl

- Kartoffeln als Pellkartoffeln kochen. Den Backofen auf 200 Grad vorheizen. Tomaten halbieren und die Schnittflächen mit Salz, Pfeffer und den Kräutern bestreuen. Frühlingszwiebeln sehr fein hacken.
- Das Eiweiß mit 1 Prise Salz steif schlagen, Senf und Zwiebeln unterheben. Den Fisch kalt abspülen, trocken tupfen, salzen und pfeffern. Öl in einer Pfanne erhitzen und den Fisch auf jeder Seite etwa 2 Min. anbraten.
- Fisch herausnehmen und auf ein mit Backpapier ausgelegtes Blech legen. Senfmasse auf den Fischfilets verteilen, Tomatenhälften daneben legen und alles im Backofen etwa 5 Min. grillen. Kartoffeln zusammen mit dem Fisch und den Tomaten servieren.

Nährwerte pro Portion: 445 kcal, 38 g Eiweiß, 12 g Fett, 45 g Kohlenhydrate, 8 g Ballaststoffe, 0,89 g Linolsäure, 0,16 g Arachidonsäure, 1,24 g Ω-3-Fettsäuren

MEHR WISSEN

Tomaten: reich an Lycopin

Tomaten sind sehr reich an Lycopin, das zu den Carotinoiden zählt. Es besitzt keine Provitamin-A-Wirkung, hat aber ein hohes antioxidatives Potenzial und immunmodulatorische Eigenschaften. Wegen seiner Hitzestabilität findet es sich nicht nur in rohen Tomaten, sondern auch in erhitzten Tomatenprodukten. Seine Resorption ist aus erhitzten und fein zerkleinerten Lebensmitteln (z. B. Tomatenpüree, Tomatensuppe, Tomatensaft) sogar etwa dreimal besser als aus frischen Tomaten.

Desserts und Süßspeisen

Carobquark mit Kirschen

Zutaten für 2 Portionen

250 g	Magerquark
5 EL	Milch (1,5 % Fett)
1–2 EL	Honig
1 EL	Carob
1 Msp.	Vanillepulver
150 g	Kirschen, entsteint

- Den Quark mit der Milch glatt rühren. Mit Honig süßen und mit Carobpulver und Vanille abschmecken. Die Kirschen auf zwei Dessertschalen verteilen. Den Carobquark darüber geben.

Variante: Statt mit Kirschen schmeckt der Quark auch mit Orangenstückchen.

Nährwerte pro Portion: 205 kcal, 19 g Eiweiß, 1 g Fett, 27 g Kohlenhydrate, 4 g Ballaststoffe, 0,09 g Linolsäure, 0 g Arachidonsäure, 0,06 g Ω-3-Fettsäuren

Süßes Hirsedessert

Zutaten für 2 Portionen

4	Pflaumen, getrocknet
75 g	Hirse, ganz
200 ml	Milch (1,5 % Fett)
200 ml	Wasser
1 Pr.	Salz
1 EL	Honig
1 Msp.	Zimt, gemahlen

- Die getrockneten Pflaumen klein schneiden. In wenig heißem Wasser für 2 Stunden einweichen. Hirse heiß abwaschen, mit Milch und Wasser unter Rühren aufkochen, salzen. 30 Min. bei geschlossenem Deckel köcheln lassen, dabei gelegentlich umrühren.
- Den Hirsebrei mit Honig süßen, in zwei Dessertschalen füllen. Mit Zimt bestreuen und die Pflaumenstückchen darüber geben.

Nährwerte pro Portion: 260 kcal, 8 g Eiweiß, 3 g Fett, 49 g Kohlenhydrate, 3 g Ballaststoffe, 0,69 g Linolsäure, 0 g Arachidonsäure, 0,10 g Ω-3-Fettsäuren

MEHR WISSEN

Carob – karamellig-schokoladige Hülsenfrucht

Der im Mittelmeerraum und Vorderasien beheimatete Johannisbrotbaum gehört zu der Familie der Hülsenfrüchtler und liefert Früchte und Samen.
Das Fruchtfleisch der schokoladenbraunen Hülsenfrüchte (Carob) ist nahrhaft und wird traditionell vielfältig verwendet. Bei uns kennt man Carobpulver (Johannisbrotmehl), das schon lange als Kakaoersatz dient. Für ein hochwertiges Carobpulver werden nur die Mittelteile der Schoten grob zerkleinert, schonend geröstet und fein vermahlen. Das Carobpulver ist dem Kakaopulver ähnlich, aber nicht so bitter und aufgrund seines natürlichen Zuckergehalts süßlich im Geschmack. Im Gegensatz zum Kakao ist Carob sehr fettarm, ballaststoffreich und frei von anregenden Substanzen wie Koffein und Theobromin.
Das Mehl der Samen (Johannisbrotkernmehl) ist weißlich-beige und geschmacksneutral. Aufgrund seiner guten Quelleigenschaften wird es als Verdickungsmittel eingesetzt. In der EU ist es als Lebensmittelzusatzstoff E 410 zugelassen (auch für Bio-Produkte und diätetische Lebensmittel).

Carobquark mit Kirschen

Rote Grütze mit Vanillequark

Zutaten für 2 Portionen

125 g TK-Himbeeren
100 g TK-Erdbeeren
75 g TK-Johannisbeeren (alternativ: Heidelbeeren oder Sauerkirschen)
1 EL Honig
1 EL Speisestärke
125 g Magerquark
3 EL Milch (1,5 % Fett)
1 EL Honig
1 Vanilleschote

- Tiefgefrorene Beeren zusammen mit 100 ml Wasser und Honig aufkochen. Die Stärke in 1 EL kaltem Wasser anrühren und die Beeren damit andicken. Die Grütze in zwei Dessertschalen füllen und abkühlen lassen.
- Den Quark mit der Milch glatt rühren und mit Honig süßen. Vanilleschote aufschlitzen, das Mark herauskratzen und den Quark damit abschmecken. Den Vanillequark auf die Rote Grütze geben.

Nährwerte pro Portion: 190 kcal, 11 g Eiweiß, 1 g Fett, 32 g Kohlenhydrate, 8 g Ballaststoffe, 0,19 g Linolsäure, 0 g Arachidonsäure, 0,12 g Ω-3-Fettsäuren

Bananensorbet

Zutaten für 2 Portionen

3 reife Bananen
½–1 EL Zitronensaft, frisch gepresst
½ TL Vanillepulver
1 EL Honig
50 g Himbeeren (frisch oder TK)

- Bananen in Stücke brechen und in einer Schüssel für 5 Stunden in den Tiefkühlschrank stellen. Die Bananenstücke etwas antauen lassen und im Mixbecher pürieren, sodass eine weißliche Eiscreme entsteht.
- Mit Zitronensaft, Vanille und – je nach Süße der Bananen – mit Honig abschmecken. Das Sorbet in Schalen füllen und für 30 Min. gefrieren lassen. Mit den Himbeeren garnieren.

Tipp

Anstelle der Bananen können Sie auch angefrorene Aprikosen verwenden.

Nährwerte pro Portion: 240 kcal, 3 g Eiweiß, 0 g Fett, 55 g Kohlenhydrate, 4 g Ballaststoffe, 0,08 g Linolsäure, 0 g Arachidonsäure, 0,07 g Ω-3-Fettsäuren

Rote Grütze

Aprikosencreme

Eine säuerliche Fruchtcreme für heiße Sommertage.

Zutaten für 2 Portionen

100 g	getrocknete Aprikosen, ungeschwefelt
½	Zitrone, unbehandelt
1–2	Vanilleschoten
200 g	Joghurt (1,5 % Fett)
2	Blätter Zitronenmelisse
1 EL	Mandelblättchen

- Zitronenschale abreiben und anschließend die Zitrone auspressen. Aprikosen mit der Schale und Zitronensaft über Nacht in 100 ml Wasser einweichen. Die eingeweichten Aprikosen fein pürieren.
- Vanilleschoten aufschlitzen, Mark herauskratzen und mit dem Aprikosenpüree mischen. Den Joghurt mit einem Schneebesen unterheben. Die Creme mit Zitronenmelisse und Mandelblättchen garnieren.

Nährwerte pro Portion: 205 kcal, 7 g Eiweiß, 4 g Fett, 32 g Kohlenhydrate, 6 g Ballaststoffe, 0,47 g Linolsäure, 0 g Arachidonsäure, 0,04 g Ω-3-Fettsäuren

MEHR WISSEN

Trockenobst – viele gesunde Ballaststoffe

Durch den Trocknungsvorgang werden die Nährstoffe in den Früchten konzentriert. Trockenfrüchte haben zwar einen hohen Kaloriengehalt (250 kcal pro 100 g), enthalten aber auch Ballaststoffe und Mineralien in konzentrierter Form. Trockenpflaumen besitzen zudem eine darmanregende Wirkung. Um die helle Farbe der Früchte (z. B. bei Äpfeln, Aprikosen, Birnen) zu erhalten, werden diese häufig geschwefelt. Schwefeldioxid kann jedoch Vitamin B_1 (Thiamin) zerstören und steht im Verdacht, als Co-Karzinogen zu wirken. Außerdem reagieren empfindliche Menschen schon auf minimale Mengen mit Übelkeit, Kopfschmerzen und Durchfall. Achten Sie daher beim Einkauf auf den Zusatz »ungeschwefelt«.

Bratäpfel

Diese süße Köstlichkeit eignet sich besonders für die kalte Jahreszeit.

Zutaten für 2 Portionen

- 2 säuerliche Äpfel, z. B. Boskop
- 1 EL Rosinen
- 1 EL Mandelstifte
- Zimt, gemahlen

Mit einem Apfelausstecher das Kerngehäuse der Äpfel ausstechen. Rosinen mit den Mandelstiften mischen und die Äpfel damit füllen. Gefüllte Äpfel in eine kleine Auflaufform stellen, mit Zimt bestreuen. Im Backofen 20 Min. bei 200 Grad braten.

Lecker dazu: Heiße Vanillesauce.

Nährwerte pro Portion: 170 kcal, 2 g Eiweiß, 5 g Fett, 28 g Kohlenhydrate, 6 g Ballaststoffe, 1,09 g Linolsäure, 0 g Arachidonsäure, 0,10 g Ω-3-Fettsäuren

MEHR WISSEN

Äpfel stecken voller Flavonoide

Wer kennt nicht das englische Sprichwort: »An apple a day keeps the doctor away.« Sieht man sich die Nährwerte des Apfels an, scheint er nichts Besonderes zu sein. Er enthält nur wenig Eiweiß und Fett sowie durchschnittliche Gehalte an Vitaminen und Mineralstoffen. Bei genauerer Betrachtung fallen allerdings die Flavonoide und das Pektin ins Auge. Der Ballaststoff Pektin hat eine Heil- und Schutzwirkung auf den Darm. So hat sich beispielsweise der Verzehr von Äpfeln zur Stuhlregulierung bewährt. Bei Verstopfung wird der Apfel mit Schale gegessen, bei Durchfall wird er ohne Schale fein gerieben. Besonders herausragend ist der hohe Gehalt an dem Flavonoid Quercetin. Quercetin gilt als eines der stärksten in Lebensmitteln vorkommenden natürlichen Antioxidanzien. Es befindet sich hauptsächlich in den Blättern und im äußeren Gewebe der Früchte. Während der Lagerung nimmt sein Gehalt ab, und beim Kochen wird es zerstört. Weitere gute Quellen für Quercetin sind Zwiebeln, Kohlarten, Beeren und Tee. Da die besten Inhaltsstoffe direkt unter der Schale sitzen, sollten Sie einheimische Bio-Äpfel bevorzugen und diese mit Schale genießen.

Gefüllte Orangen

Zutaten für 2 Portionen

60 g Trockenobst, ungeschwefelt (z. B. Aprikosen und Pflaumen)
1 EL Walnusskerne, gehackt
Vanillepulver
½ Zitrone, unbehandelt
2 Orangen
4 schöne Walnusshälften

- Das Trockenobst über Nacht in Wasser einweichen, dann die restliche Flüssigkeit abgießen und das Obst pürieren. Die Schale der Zitrone abreiben. Die Walnüsse zum Obstmus geben, mit Vanille und Zitronenschale abschmecken.
- Die Orangen schälen und quer halbieren. Die Creme auf die Mitte der Orangenhälften geben und mit den Walnusshälften verzieren.

Nährwerte pro Portion: 210 kcal, 3 g Eiweiß, 5 g Fett, 35 g Kohlenhydrate, 6 g Ballaststoffe, 2,84 g Linolsäure, 0 g Arachidonsäure, 0,52 g Ω-3-Fettsäuren

Joghurteis

Zutaten für 2 Portionen

200 g TK-Himbeeren (oder TK-Erdbeeren)
2 EL Honig
½ TL Vanillepulver
200 g Joghurt (3,5 % Fett)

- Die Beeren in eine Schüssel füllen, den Honig darüber geben und die Beeren kurz antauen lassen. Beeren mit der Vanille im Mixbecher pürieren, dann den Joghurt vorsichtig mit dem Schneebesen unterziehen.
- Die Eiscreme abgedeckt für 4 Stunden in den Tiefkühlschrank stellen, zwischendurch einige Male umrühren. Eis auf zwei Schälchen verteilen.

Variation: Probieren Sie das Eis auch einmal mit gefrorenen Kirschen oder Brombeeren.

Nährwerte pro Portion: 180 kcal, 5 g Eiweiß, 4 g Fett, 28 g Kohlenhydrate, 7 g Ballaststoffe, 0,22 g Linolsäure, 0 g Arachidonsäure, 0,13 g Ω-3-Fettsäuren

Gefüllte Orangen

Kuchen, Gebäck und Brot

Käsekuchen ohne Boden

Weil er ohne Boden auskommt, ist der Käsekuchen im Nu gerührt und gebacken!

Zutaten für 8 Stück

3 Eier (Größe M)
125 g Margarine (ungehärtet)
120 g Zucker
½ Zitrone, unbehandelt
500 g Magerquark
1 Päckchen Vanillepuddingpulver
Vanillepulver

Für die Form:
1 TL Margarine (ungehärtet)
1 EL Semmelbrösel

- Die Eier trennen und die Eiweiße sehr steif schlagen. Margarine mit Zucker und den Eigelben schaumig rühren. Die Schale der Zitrone abreiben. Quark, Saft und abgeriebene Zitronenschale, das Puddingpulver und Vanille dazugeben, alles gut verrühren. Zum Schluss den Eischnee unterziehen.
- Den Boden einer Springform (∅ 18 cm) einfetten, mit den Semmelbröseln ausstreuen und die Quarkmasse einfüllen. Den Kuchen 90 Min. bei 140 Grad backen, danach für 30 Min. im abgeschalteten (geschlossenen) Backofen stehen lassen.
- Den Kuchen vorsichtig vom Rand lösen, den Boden nicht entfernen und über Nacht auskühlen und fest werden lassen.

Nährwerte pro Stück: 265 kcal, 11 g Eiweiß, 15 g Fett, 20 g Kohlenhydrate, 0 g Ballaststoffe, 3,09 g Linolsäure, 0,02 g Arachidonsäure, 0,38 g Ω-3-Fettsäuren

Apfelkuchen

Zutaten für 8 Stück

75 g	Margarine (ungehärtet)
50 g	Honig
2	Eier (Größe M)
125 g	Weizen-Vollkornmehl
1 TL	Backpulver
1 Pr.	Salz
½ TL	Vanillepulver
2	Äpfel
1–2 EL	Sonnenblumenkerne

- Margarine schaumig rühren, Honig und Eier dazugeben. Mehl mit Backpulver, Salz und Vanille mischen. Das Mehl zur Eiermasse geben und verrühren.
- Die Äpfel schälen, vierteln und in dünne Scheiben schneiden. ⅔ des Teiges in eine mit Backpapier ausgelegte Springform (∅ 18 cm) füllen. Die Apfelschnitze darauf verteilen und den Rest des Teiges darüber streichen. Den Kuchen mit den Sonnenblumenkernen bestreuen und 35 Min. bei 200 Grad backen.

Nährwerte pro Stück: 180 kcal, 4 g Eiweiß, 10 g Fett, 18 g Kohlenhydrate, 2 g Ballaststoffe, 2,56 g Linolsäure, 0,01 g Arachidonsäure, 0,26 g Ω-3-Fettsäuren

Pflaumenkuchen

Zutaten für 8 Stück

Teig:

100 g	Magerquark
3 EL	Milch (1,5 % Fett)
3 EL	Sonnenblumenöl
1 Pr.	Salz
4 EL	Honig
200 g	Weizen-Vollkornmehl
½	Päckchen Backpulver

Belag:

600 g	Zwetschgen, entsteint
½ TL	Zimt, gemahlen
2 EL	Walnüsse, gehackt

- Aus Quark, Milch, Öl, Salz, Honig, Mehl und Backpulver schnell einen glatten Teig rühren. Zum Ausquellen ca. 15 Min. kühl stellen.
- Eine Springform mit Backpapier auslegen, den Teig darin zu einem Boden ausdrücken und die Zwetschgen gleichmäßig darauf verteilen. Mit Zimt und Walnüssen bestreuen. Den Kuchen 40 Min. bei 190 Grad backen.

Nährwerte pro Stück: 200 kcal, 6 g Eiweiß, 6 g Fett, 30 g Kohlenhydrate, 4 g Ballaststoffe, 3,46 g Linolsäure, 0 g Arachidonsäure, 0,21 g Ω-3-Fettsäuren

Apfelkuchen

Süße Apfelwaffeln

Waffeln liebt jeder – diese sind mit geriebenem Apfel verfeinert.

Zutaten für 4 Stück

60 g	Margarine (ungehärtet)
3 EL	Zucker
1	Ei (Größe M)
85 g	Weizen-Vollkornmehl
½ TL	Backpulver
	Zimt
85 ml	Milch (1,5 % Fett)
	evtl. Sprudelwasser
1	kleiner säuerlicher Apfel (z. B. Boskop)

- Margarine schaumig rühren, Zucker unterrühren. Das Ei sowie das mit Backpulver und Zimt vermischte Mehl unterrühren. Den Teig mit Milch und evtl. etwas Sprudelwasser verrühren.
- Apfel reiben und unter den Teig rühren, portionsweise im heißen Waffeleisen backen.

Tipp

Unterschiedlich warme Zutaten können zu ungleich gebräunten Waffeln führen – nehmen Sie daher die Zutaten etwa 30 Min. vor der Zubereitung aus dem Kühlschrank. Wasser im Teig ergibt knusprigere Waffeln, als wenn Sie Milch verwenden. Und Sprudelwasser macht den Teig lockerer.

Nährwerte pro Stück: 260 kcal, 5 g Eiweiß, 14 g Fett, 28 g Kohlenhydrate, 3 g Ballaststoffe, 3,04 g Linolsäure, 0,01 g Arachidonsäure, 0,36 g Ω-3-Fettsäuren

Vollkornbrot mit Hefe

Ein kerniges Brot, das sich vielfältig variieren lässt.

Zutaten für 20 Scheiben

500 ml	lauwarmes Wasser
½	Würfel Hefe
1 TL	Honig
750 g	Weizen-Vollkornmehl
1 EL	Salz
½ TL	Öl
	evtl. Saaten oder Kerne zum Ausstreuen

- Warmes Wasser mit Hefe und Honig verrühren. Mehl mit Salz mischen, dazugeben und 10 Min. kneten. Den Teig an einem warmen Ort gehen lassen, bis sich das Volumen verdoppelt hat. Eine Brotform mit Öl ausstreichen und evtl. mit Saaten oder Kernen ausstreuen.
- Den Teig nach dem Gehen 2 bis 3 Min. durchkneten, dabei evtl. Kerne, Nüsse oder gedünstete Zwiebeln einarbeiten. Teig in die Form geben, an der Oberfläche einige Male einschneiden und weitere 10 Min. gehen lassen.
- Backofen auf 250 Grad vorheizen, eine mit Wasser gefüllte Pfanne unten in den Ofen stellen, auf 225 Grad herunterschalten und das Brot 60 Min. backen. Fertiges Brot auf einen Gitterrost stürzen und auskühlen lassen.

Variante:

- Gewürzbrot: 1–2 EL Brotgewürz (3 Teile Fenchel, 3 Teile Kümmel, 3 Teile Anis, 1 Teil Koriander) zerstoßen, ins Mehl geben.
- Kürbiskernbrot, Nussbrot, Sonnenblumenbrot: je nach Lust und Laune 150 g der Kerne in den Teig einarbeiten.
- Zwiebelbrot: 2 Zwiebeln würfeln, in 1 EL Butter glasig dünsten, abkühlen lassen, mit 1 TL frisch gemahlenem Kümmel zum Teig geben.

Nährwerte pro Scheibe: 120 kcal, 4 g Eiweiß, 1 g Fett, 23 g Kohlenhydrate, 4 g Ballaststoffe, 0,38 g Linolsäure, 0 g Arachidonsäure, 0,03 g Ω-3-Fettsäuren

Müslistangen

Powerstangen – zum Frühstück oder für zwischendurch.

Zutaten für 8 Stück

50 g	Leinsamen
¼	Würfel Hefe
½ TL	Honig
250 g	Weizen-Vollkornmehl
1 TL	Salz
75 g	Rosinen
100 g	Sonnenblumenkerne

- Den Leinsamen ca. 1 Stunde in 50 ml Wasser einweichen. Für den Hefeteig 150 ml warmes Wasser, Hefe und Honig verrühren. Das Mehl mit dem Salz mischen, zugeben und 10 Min. kneten. Den Teig zugedeckt etwa 30 Min. an einem warmen Ort gehen lassen, bis er sich verdoppelt hat.
- Teig nach dem Gehen nochmals durchkneten, dabei die Rosinen, die Hälfte der Sonnenblumenkerne und den gequollenen Leinsamen einarbeiten.
- Mit angefeuchteten Händen acht gleich große Stangen formen, in den restlichen Sonnenblumenkernen wälzen und auf ein mit Backpapier ausgelegtes Blech legen. Stangen weitere 15 Min. auf dem Blech gehen lassen und anschließend 30 Min. bei 175 Grad backen.

Nährwerte pro Stück: 220 kcal, 8 g Eiweiß, 9 g Fett, 27 g Kohlenhydrate, 7 g Ballaststoffe, 4,34 g Linolsäure, 0 g Arachidonsäure, 1,10 g Ω-3-Fettsäuren

Adressen, die weiterhelfen

Deutsche Multiple Sklerose Gesellschaft (DMSG)
Küsterstr. 8
30519 Hannover
Internet: www.dmsg.de
E-Mail: dmsg@dmsg.de
MS-Helpline: 01805/777007
Tel.: 0511/968340
Fax: 0511/9683450

Multiple Sklerose Gesellschaft Österreich
Universitätsklinik für Neurologie
Währinger Gürtel 18–20
A-1090 Wien
Internet: www.msgoe.at
E-Mail: msgoe@gmx.net
Tel.: (0043)01/40400 3123
Fax: (0043)01/40400 3141

Schweizerische Multiple Sklerose Gesellschaft
Josefstrasse 129
CH-8031 Zürich
Internet: www.multiplesklerose.ch
E-Mail: info@multiplesklerose.ch
Tel.: (0041)043/4444343
Fax: (0041)043/4444344

DGE – Deutsche Gesellschaft für Ernährung
Godesberger Allee 18
53175 Bonn
Internet: www.dge.de
E-Mail: webmaster@dge.de
Tel.: 0228/3776600
Fax: 0228/3776800

UGB – Verband für unabhängige Gesundheitsberatung
Sandusweg 3
35435 Wettenberg/Gießen
Internet: www.ugb.de
E-Mail: info@ugb.de
Tel.: 0641/808960
Fax: 0641/8089650

www.ms-lebensbaum.de
www.emed-ms.de
www.ms-life.de
www.tysabri.de

Sachverzeichnis

A
Abführmittel 46 f
  Gleitmittel 48
  osmotische 48
  stimulierende 47
Abmagerungskur, drastische 41
Abnehmen 38
Aktivität
  Fatigue 51
  körperliche 36
Alkohol 34
Aminosäuren 15
Anti-Fett-Pille 42
Antioxidanzien 25
Appetitminderung, Stressmedikamente 43
Arachidonsäure 15, 18 f
  vegetarische Ernährung 54
  Verminderung 19, 22
Arteriosklerose 32
Arzneimittel 62 f
Aspiration 35

B
Ballaststoffe 32 ff, 46
Betacarotin 27
Bewegung 36
  Osteoporose 52
Bittersalz 48
Blutgerinnung 23
Blutzuckeranstieg 13
Body Mass Index 37
Botulinum-Toxin 46

C
Carotinoide 27
Cholesterinspiegel, Ballaststoffe 34

D
Darm 48
  Ballaststoffe 33
  natürliche Hilfe 49
Darmsanierung 60
Diät
  allergenfreie 58
  nach Dr. Fratzer und Dr. Hebener 55
  nach Dr. Swank 55 f
  glutenfreie 58
  Grahams Vorschläge zur Diät und Nahrungsergänzung 57
  Übersicht 41 f
Dysphagie 35

E
Eicosapentaensäure 20
Eisen 30
Eiweiß 15
Energieverbrauch 12, 36
Entgiftung 60
Entzündungsbotenstoffe 19 f
Ernährung
  empfohlene, Hauptelemente 61
  entzündungshemmende 59
  ovo-lakto-vegetarische 54
Evers-Diät 56
Extremdiät 37

F
Fasten 41
Fatigue 50 ff
  Bewegung 36
  Ernährung 11
  Pausen 51
Fette 16
  Nomenklatur 18
Fettersatzstoffe 42
Fettsäuren
  essenzielle 16
  mehrfach ungesättigte 18
  Wirkung 22
Fettspeicherung 14
Fettstoffwechsel, Ballaststoffe 32
Fischöl 22
Fitness 36
Flüssigkeitszufuhr 34
Freie Radikale 24

G
Gallensäuren, Ballaststoffe 32
Gewichtsabnahme, Fatigue 37
Gewichtsreduktion, chirurgische Möglichkeiten 43
Glaubersalz 48
Grahams Vorschläge zur Diät und Nahrungsergänzung 57

H
Harndrang, häufiger 34
Harnwegsinfekt 27, 34
Hypothalamus 38

I
Immunregulation, Vitamin D 29
Immunsystem, Fette 16
Index, glykämischer 13, 39
Insulin 13

J
Jod 30

K
Kalzium 52 f
Kauen, intensives 35
Knochenabbau 52
Kohlenhydrate 13 f
  komplexe 40
Kollagen 42
Körpergewicht, Einteilung 38
Kortison, Knochenabbau 53
Kortisonhochdosistherapie, Vitamin B_{12} 24
Kostformen, eiweißreiche 42

L
Lactulose 48
Lebensenergie, schonender Umgang 51
Lebensmittel
  Arachidonsäure 19
  Ballaststoffgehalt 33
  Carotinoide 27
  Fettgehalt 17, 40 f
  glykämischer Index 14
  Kalzium 30
  Kaloriengehalt 40
  Kalzium 52
  Omega-3-Fettsäuren 20, 23
  Vitamin-C-Gehalt 26
  Vitamin D 30

Leinöl 23
Leistungsgrenzen 51
Leukotriene 19 f
Linolensäure 18 f
Linolsäure 19, 22
Lowcarb-Diäten 41 f
Lycopin 27

M
Magen, träger 11
Magenballon 43
Meeresfisch 20
Mischkost, energiereduzierte 39
MS-Diäten 54 ff
Myelin-Diät 59
Myelinscheiden, Vitamin E 25

N
Nachtkerzenöl 57
Nährstoffe 12
Nahrungsauswahl, falsche 11
Nahrungseiweiß 15
Nahrungsergänzungsmittel 62, 64 f
Nahrungsfette und Multiple Sklerose 21
Nahrungsmittelallergie 58
Nahrungsumstellung 22
Nervenfasern, Myelinscheiden 25
Nervensystem, sympathisches 43
Nulldiät 41

O
Omega-3-Fettsäuren 18 ff, 23
Omega-6-Fettsäuren 19, 23
Ordnungstherapie 57
Osteoporose 28, 52 f

P
Paraffinöl 48
Peristaltik 35
Pflanzenöle 20
Plastizität, neuronale 36
Prostaglandine 19
PUFA 18

Q
Quellmittel 42, 48

R
Rapsöl 23
Reduktionsdiät 39
Restless-legs-Syndrom 30
Rohkost 56

S
Sättigungsgefühl 40, 42
Schilddrüsenhormone 31
Schlafqualität 51
Schluckstörung 35
Selen 31
Sojabohnen 15
Sonnenlicht 28, 30
Spurenelemente 30
Stress, oxidativer 24 f
Stuhlgang, Ballaststoffe 34
Stuhlgangfrequenz 46

T
T-Lymphozyten, Vitamin D 29
Triglyzeride 18

U
Übergewicht 11, 37
Untergewicht 44 f

V
Vegetarische Kost 23, 54
Verdauung 34 ff
Verstopfung 11, 46 ff
  goldene Regeln 49
Vitamine 16, 24 ff
  A 27
  antioxidative 25
  B_{12} 24
  C 26 f, 31
  D 28, 30, 52
    Lebensmittel 30
  E 24 f
  fettlösliche 16, 24
Vitaminzusatz 64

Z
Zink 31

Rezeptverzeichnis

A

Äpfel 155
  Apfelkuchen 162
  Apfelwaffeln, süße 164
  Blumenkohlsalat mit Apfel 93
  Bratäpfel 155
  Kartoffelsalat 111
Aprikosen
  Aprikosencreme 154
  Aprikosenmilch 84
Avocadodressing 103

B

Bananensorbet 152
Blattsalat mit Radieschen und Mais 92
Blumenkohlsalat mit Apfel 93
Bratäpfel 155
Brot 159 ff
Butter 72
Buttermilch, beerige 84

C

Carobquark mit Kirschen 150
Chili sin Carne 118
Chinakohlsalat mit gekeimtem Roggen 94

D

Desserts 149 ff

E

Eier 72
Einkauf, richtiger 69
Erdbeeraufstrich 80

F

Feldsalat mit Birne 93
Feta, gegrillter 136
Fettverzehr 71
Fisch 72
  eingelegte Heringe nach Hausfrauenart 142
  Fischfilet auf Gemüse 142
  Fischragout mit Vollkornreis 140
  Fischspieße 138
  Lachs im Zucchinibett 140
  Lachslasagne 144
  Rotbarschfilet unter Senfhaube 146
Fleisch 72
Flüssigkeitszufuhr 72
Fruchtaufstrich 80
Frühstück 77 ff

G

Gazpacho 106
Gebäck 159 ff
Gemüseauflauf 122
Gemüselasagne 125
Gemüsequark, pikanter 82
Gemüsespieße 138
Gemüsesuppe mit Semmelklößchen 119
Gorgonzoladressing 103
Grillen 136 f
Grünkern
  Bratlinge 126
  Eintopf 124
  Grünkern-Kartoffel-Auflauf 126
  Grünkernsalat 96

H

Hauptgerichte, warme 113 ff
Heringe, eingelegte, nach Hausfrauenart 142
Hirse-Champignon-Auflauf 0
Hirsedessert, süßes 150
Hirsotto 122
Hülsenfrüchte, Zubereitung 118

J

Joghurtdressing 102
Joghurteis 156

K

Kartoffeln
  Kartoffeldressing 103
  Kartoffelsalat 111
  Kartoffelsuppe 106
  Ofenkartoffeln mit Leinölquark 110
  Pellkartoffeln mit grüner Sauce 114
  überbackene 114
Käsekuchen ohne Boden 160
Keimlinge 94
Kochen, Organisation 68 f
Kresse 104
Kuchen 159 ff
Kürbiscremesuppe 108

L

Lachs im Zucchinibett 140
Lachslasagne 144
Lebensmittel, Orientierungshilfe pro Tag 68
Leinöl 110
Linsenaufstrich 82
Linseneintopf, vegetarischer 130
Lycopin 146

M

Mahlzeiten, schmackhafte 71
Margarine 72
Milch, fettarme 72
Möhrensalat mit Sesam 98
Müsli 78
Müslistangen 168

O

Obstspieße 136
Ofenkartoffeln mit Leinölquark 110
Orangen, gefüllte 156
Orientierungshilfe pro Tag 68

P

Packungsinhalt 70
Paprikasalat 99
Pellkartoffeln mit grüner Sauce 114
Pflanzenöle 73 f
Pflaumenkuchen 162
Pizzawaffeln 90
Polentaschnitten 133
Portionsgrößen 69

R

Ratatouille 128
Rosenkohlauflauf 130
Rotbarschfilet unter Senfhaube 146

Rote Grütze mit Vanillequark 152

S
Salat 92
Salatsaucen 102
Sättigungsgefühl 71
Sauerkrautauflauf mit Kidneybohnen 132
Sauerkrautsalat 99
Schafskäsetaschen 90
Selleriesalat 100
Sellerieschnitzel 120
Sesam 98
Snacks 89 ff
Sojasprossensalat 100
Sommerfrucht-Smoothie 86
Spinatcannelloni 116
Spitzkohleintopf 124
Sprossen 94
Steckrübensuppe 120
Süßspeisen 149 ff

T
Tiefkühlkost 69
Tomaten
  Tomatensalat mit Kresse 104
  Tomatensauce 134
  Tomatensuppe 107
Trockenobst 154

V
Vinaigrette 102
Vollkorn 71
Vollkornbrot mit Hefe 166
Vorratsliste 70

Z
Zucchini, gefüllte, mit Tomatensauce 134
Zwiebeln 119
Zwiebelsuppe 107

Liebe Leserin, lieber Leser,
hat Ihnen dieses Buch weitergeholfen? Für Anregungen, Kritik, aber auch für Lob sind wir offen. So können wir in Zukunft noch besser auf Ihre Wünsche eingehen. Schreiben Sie uns, denn Ihre Meinung zählt!
Ihr TRIAS Verlag

E-Mail Leserservice: heike.schmid@medizinverlage.de

Adresse:
Lektorat TRIAS Verlag, Postfach 30 05 04,
70445 Stuttgart, Fax: 0711/8931-748

Bibliografische Information der Deutschen Nationalbibliothek
Die Deutsche Nationalbibliothek verzeichnet diese Publikation in der Deutschen Nationalbibliografie; detaillierte bibliografische Daten sind im Internet über http://dnb.d-nb.de abrufbar.

Programmplanung: Uta Spieldiener

Redaktion und Bildredaktion: Harald Rass, Anja Fleischhauer, Julia Reichmann

Bildredaktion: Anja Fleischhauer

Umschlaggestaltung und Layout: CYCLUS · Visuelle Kommunikation, Stuttgart

Bildnachweis Pöhlau/Werner: Gesund essen bei MS
Chris Meier: S. 17
Corbis: S. 10, 14, 16, 32, 34, 58, 71, 73
Dynamic Graphics: S. 66/67
Fridhelm Volk: S. 76/77, 79, 81, 83, 85, 87, 88/89, 91, 95, 97, 101, 105, 109, 115, 112/113, 117, 121, 123, 127, 129, 131, 135, 137, 139, 141, 143, 145, 147, 148/149, 151, 153, 157, 158/159, 161, 163, 165, 167, 169
Healthy Food: S. 55
Imagesource: S. 21, 29, 36, 41, 47, 51, 64, 75
Jupiter Images: S. 19, 28, 39, 53
Photo Alto: S. 8, 24
Photo Disc: S. 45, 93, 99, 111, 125, 155
Pixland: S. 44
Women at home: S. 70

1. Auflage

Printed in Germany

Satz: Ziegler und Müller, text form files, Kirchentellinsfurt
gesetzt in (Satzsystem): APP (3B2), V.9
Druck: Offizin Andersen Nexö Leipzig GmbH, Zwenkau

Gedruckt auf chlorfrei gebleichtem Papier

ISBN 978-3-8304-3500-6 1 2 3 4 5 6

Wichtiger Hinweis: Wie jede Wissenschaft ist die Medizin ständigen Entwicklungen unterworfen. Forschung und klinische Erfahrung erweitern unsere Erkenntnisse, insbesondere was Behandlung und medikamentöse Therapie anbelangt. Soweit in diesem Werk eine Dosierung oder eine Applikation erwähnt wird, darf der Leser zwar darauf vertrauen, dass Autoren, Herausgeber und Verlag große Sorgfalt darauf verwandt haben, dass diese Angabe dem **Wissensstand bei Fertigstellung des Werkes** entspricht.

Die Ratschläge und Empfehlungen dieses Buches wurden vom Autor und Verlag nach bestem Wissen und Gewissen erarbeitet und sorgfältig geprüft. Dennoch kann eine Garantie nicht übernommen werden. Eine Haftung des Autors, des Verlages oder seiner Beauftragten für Personen-, Sach- oder Vermögensschäden ist ausgeschlossen.

Geschützte Warennamen (Warenzeichen) werden nicht besonders kenntlich gemacht. Aus dem Fehlen eines solchen Hinweises kann also nicht geschlossen werden, dass es sich um einen freien Warennamen handelt.